王維學習力

何兆武題

王咏 著

中信出版集团 | 北京

图书在版编目（CIP）数据

五维学习力 / 王咏著 . -- 北京: 中信出版社,
2020.7（2024.12 重印）
ISBN 978-7-5217-1806-5

Ⅰ . ①五… Ⅱ . ①王… Ⅲ . ①学习方法 Ⅳ .
① G791

中国版本图书馆 CIP 数据核字（2020）第 069234 号

五维学习力

著　　者：王咏
出版发行：中信出版集团股份有限公司
（北京市朝阳区东三环北路 27 号嘉铭中心　邮编　100020）
承 印 者：北京盛通印刷股份有限公司

开　　本：880mm × 1230mm　1/32　　印　　张：7　　字　　数：150 千字
版　　次：2020 年 7 月第 1 版　　印　　次：2024 年 12 月第 3 次印刷
广告经营许可证：京朝工商广字第 8087 号
书　　号：ISBN 978-7-5217-1806-5
定　　价：59.00 元

目 录

推荐序

记得盛年时的某个初春，我陪同一位师长去钓鱼，二人隔溪而坐。半个下午之后，那位师长的鱼篓里已差不多装满了鱼，而我却一无所获。我忍不住去向他讨教，他说："你我分处溪水两边，我在阳面而你在阴面，早春的河水寒凉，鱼当然会向有太阳、更暖和的一面游来。"可见，任何事情若不得法，再努力也很难精进，学习亦是如此。

世上的方法不外乎两类：一类是前人实践后记录下来的现成方法，一类是自己实践得来的方法。学习，又分"死学"和"巧学"，所谓死学即单纯靠自己的实践，不断碰壁，不断摸索的过程；而巧学则是在前人总结的现成方法的基础上，结合自己的实践，快速精进的过程。学习本身也是一种技能，也需要借鉴更好、更有效率的方法。

王咏是我的学生，他为人正直厚道，积极奋进，极具商业才干，又执着艺术追求，在商业与艺术方面均有一定的成就。他找我学习国画前，并无绘画基础，但我发现，他对东方美学有强烈的学习欲望，且审美能力不俗，总有独到见解。此外，他在书法方面通过自主学习也具备了一定的功底。后来我们相交愈深，我发现他将自学能力迁移到了工作与生活的方方面面，有一套非常高效且成体系的自学方法，他和我讲过多次，很多观点我非常认同。

艺术创作需要生活体验，需要知识素养，需要洞察世事，更需要非凡悟性，才能凝结出有个性、有意义、有内涵的艺术作品，这些无疑都离不开善于学习这个外在因素。在王咏向我学习绘画的过程中，我发现他确实是一个非常善于学习的人，他几乎能从任何事物中找到和学习相关的积极联系。譬如，面对一炷香，他可以从烟雾缭绕的形态中得到线条技法的启发；观看一部历史剧，其中的置景、道具及人物配饰都可以成为他塑造艺术形象的参考。

王咏近几年著述甚丰，受到各界的普遍认可，此事在我看来完全在情理之中。见贤思齐、虚心学习、愿意投入时间潜心研究、在工作之余接受互联网平台千千万万学员的咨询且耗费不少精力答疑解惑、坚持理论探索也专注于躬身践行……这些是我们相识后我对他的点滴了解。他勤勉严谨的治学态度，非常令我感动。

说起学习这件事，有两个字很有意思：一个是学习的“习”，一个是羽毛的“羽”。古人造字很有深意，“习（習）”字从“羽”，意思是小鸟练习飞翔。为何要以此来代表学习呢？我想一定是古人体会到了小鸟在练习飞翔时迸发出的顽强生命力，被那种持之以恒的精神感动了。而“羽”字，又反向验证了飞鸟的羽毛是“练习”的结果，持续的练习才能让鸟儿长出更加丰满的羽毛，翱翔蓝天。

科技的进步让现代社会变得丰富多彩，却也令我们失去了像古人那样安静、持续学习的环境。我的许多学生，参加工作后有继续学习的意愿，却被工作和生活的琐事干扰，无法坚持。有人向我求教如何应对，我总认为，学习应当融入生活的点滴之中，在琐事中找到学习的契机，要让学习和琐事共处。欧阳修曾说，他平生所写文章多半在“三上”，即马上、枕上、厕上。可见不论古今，有成就的人都会抓住点滴机会，每天总比别人多学一些时间，日积月累，一生的时光就会比别人多学十几年，对知识的获取和掌握就会有很大的差别。

这本《五维学习力》作为王咏提升学习能力的探索与实践的总结，用大量事实和方法印证了我的这些想法，所以我欣喜地推荐给大家。希望每一位想要实现自我追求或渴望通过学习完善自身能力的读者，都能善用此书。

何水法　著名国画大师

全国政协委员、中国美术家协会理事、中国画学会副会长

前言

2019 年 6 月 29 日，我在蒙彼利埃大学古堡校区的酒店醒来，一线阳光顺着拱形的窗户照进来。当天是休息日，没有课，我决定赖床，好好享受一下这个惬意的早晨。那一天，正好是我人生第 41 个年头的第一个早晨，我斜靠着枕头，拿起笔，认真地记下了那一刻的感受：

> 如果一个完整的人生是 80 年，那么 41 岁将正式迈入人生下半场。上半场我总是在为别人活着，为父母、妻子、孩子、事业伙伴……下半场，我要为自己活着。在地中海岸享受安静的学习机会，是我送给自己最好的生日礼物。

当我放下笔，闭上眼，过去 40 年的经历如幻灯片一样在脑海中强烈而清晰地闪现。

我出生在内蒙古乌兰察布商都县一个非常偏远闭塞的小山村，周围丘陵环绕，至今没有通电，当然也没有公路。这里原本是荒无人烟的塞外草场，我的祖上从山西“走西口”来到这里开荒，然后一代代留在这里繁衍生息。村子分东西村，如今只剩下几户老人在这里守望，也许等他们离开这个世界后，这里便会再一次归还给草原。大自然和人总是如此唇齿相依，人进一步，它就退一步，人若退去，它就会重新回来。

每次回去给家里已故的老人扫墓，我都会在东村的一堆荒土上坐很久，那堆荒土下埋藏的是我人生成长和学习的起点——一边是我幼时的家，另一边是我幼时的学校。

那是一座比现在任何影像里看到的贫困学校还要破旧、简陋的校园，一至五年级在一个教室里混读。教室的窗户没有玻璃，天一冷就需要用塑料布蒙起来，但到了冬天零下30度的极寒天气，也只能停课。

在我8岁的时候，父亲为了彻底改变我和姐姐的学习条件，骑了一百多公里的自行车，翻山越岭把我们带到苏尼特草原的赛汗塔拉镇上，寄住在一个亲戚家里。半年后，父亲又赶着马车带着我母亲，把家搬到了这个小镇。我成年后和父亲的一次闲聊中，他轻描淡写地告诉我，他出村的时候爷爷拿着铁锹站在村口，威胁他如果要搬走就和他拼命，但我父亲坚定地说，他一定要给自己的儿女创造一个用学习改变人生的机会。我听到这些，背过脸，泪如泉涌。

很难想象，若没有我父亲的这一次坚持，我会拥有一个什么样的人生。

也许正是幼年的经历，让我在面对命运的不确定时特别缺乏安全感，这种不安全感成为推动我终身学习的重要动力。因为总觉得人生的下坡路随时会到来，我人生中最珍惜的一件事就是学习，学习也成了我个人最重要的习惯。我从大学毕业到今天，一直保持着每年 70 本书左右的阅读量，并且持续创作出书，为互联网知识平台撰写专栏，不断地学习新技能，完成了事业的一次次转身：在差不多 20 年的职业历程中，我从开始的电信行业转型时尚行业，再从时尚行业转到 IT（Internet Technology，互联网技术）大数据行业，而我的下一个人生目标是成为一名职业画家。

罗斯福在 23 岁时出版了他人生的第一本书《1812 年海战》（*The Naval War of 1812*），从此就笔耕不辍，一生出了很多书，内容也非常广泛，有谈话录、政论、人物传记等。另外，埃德蒙·莫里斯曾经说罗斯福阅读量惊人，有段时间差不多每天读 1 本书。正是阅读和写作上付出的巨大努力，让他在诸多领域驾轻就熟，铸就了他的超凡魅力，使他成为美国历史上最伟大的总统之一。

这样的例子还能举出许多。比如，亚里士多德是西方几乎各种学问的鼻祖；康德在大学里差不多能担任一切功课的教授；歌德是一代文豪，于科学上也很有建树；亚当·斯密是英国经济学的始祖，而他在大学是教授文学的；近如罗素，他对数学、哲学、政治学，样样都能登峰造极……

我想他们都应该算是终身学习者。对这样的人来说，持续不断、锲而不舍的终身学习不仅是事业成功的捷径，更是一种令自己愉悦的生活习惯。

当然，我认为终身学习也是当今社会所有人亟需培养的一种习惯。英国《卫报》曾有这样一篇报道：因为技术发展迅猛，到大学生取得本科学位时，他们在大一所学的内容有近 50% 会被淘汰。这意味着 4 年之内，我们面临的工作内容会发生天翻地覆的变化，也许 4 年前学了热门专业，4 年后依旧会被迫转行。除此之外，社会发展催生出更多新型业务，在这些新的业务岗位上，人们也将普遍面临一种情况：只有 10% 的旧知识用得上，90% 的知识需要重新学习。可见，持续学习对于当下这个时代的每一个人多么重要。

但另一方面，许多学校和教育机构的教学方法与时代脱节的程度也越来越严重。

有数据表明，人们真正从事的职业与自己大学所学的专业一致的比例连 30% 都不到，而且这个比例还在日益下降。因此，无论是专业与职业严重不对口，还是技术发展导致业务大量转型，成年人一旦从学校走入社会，便会立刻面临“如何通过自主学习保持个人竞争力”的问题，自学能力就成为成年人学习任何一门课程之前都应该先行具备的基本能力。

而无数的事实却告诉我们，在踏入社会的那一刻，人们并未从之前十几年的学校教育中真正学会自主学习。大部分成年人仍然在用学生时代习惯的学习方法进行自学。

其实自主学习和学校教育的学习模式、遇到的问题、学习的步骤、对学习效果和学习方法的要求都截然不同。比如，在学生时代，学习方向和学习资料均由学校和老师指定。毕业以后，则需要我们自主选择，很多人在面对海量信息的时候陷入知识焦虑，不知道学什么内容、看什么书、用什么资料、听什么课，在这些问题上，很多成年人缺乏自主选择的能力。

又如，我们在学生时代习惯使用的那些比较低效的学习方法（从头到尾逐字阅读、依靠反复背诵强化记忆等），并不适合时间严重碎片化、生活节奏快、学习应用目的性强的成年人。但具体应该怎么高效学习，却很少有人接受系统的训练。

再如，身为学生只需理解或记住教材中写明的显性知识即可，但在实际工作和生活中，成年人必须通过实践掌握大量未被写明，却又对真正做好一项工作、解决一个问题有重要影响的隐性知识。职场上专家和非专家的区别，便在于专家掌握了大量无法言明、只能通过持续训练和深度思考而产生的隐性知识。

可以说，传统学校教育中我们惯用的学习理念和学习方式，在进入职场和社会后，几乎全部需要改变。在完成工作任务或者解决问题的过程中，没有老师提供引导、监督和反馈，成年人需要掌握一套更加高效的自学方法，建立起自己的底层学习体系，以便在任何一个关注的领域，都能快速成为专家。

于是，我开始关注“成年人自主学习能力”的重要性，并且花费大量时间研究这个问题。我阅读了认知科学、脑科学、心理学、教育学、社会学等多个领域的大量著作和前沿理论，也接受了近千起身边案例的咨询，汲取来自朋友、同事以及曾接受过我指导的广大学员的意见和建议，再结合自己过往学习中积累的一些经验，经过长时间的记录和总结，最终凝结成这本书。

这本书的内容虽然包含多个学科的研究成果，但其中讨论分享的每种学习理念和方法，都曾在我自己和我的朋友、同事以及向我咨询过的学员身上被证明行之有效。在这套自学方法的帮助下，我在过去的几十年里不仅通过自主学习打破了不同行业领域的专业壁垒，快速掌握了不少跨学科、跨领域的知识技能，成功实现多次职业转型，还在繁忙的工作之余攻读博士、养育孩子，利用业余时间学习书法和绘画，并在比较短的时间内达到了一定的专业水平。

本书将把成年人的自学能力分为五个维度，每个维度对应本书的一个章节。

在本书的第一章，你可以了解到“学习辨识力”的相关内容，学会辨识自己是否进入了一些常见的学习误区，包括是否陷入知识焦虑而贪多求全，是否沉溺于伪学习而不自知，以及是否急于求成而专找捷径。

成年人所有想做却没有做到的事，大多都败给了动力不足。在本书的第二章，我将会和你探讨“学习驱动力”的两个组成部分，也是传统的学校教育从来没有教会我们的两件事：第一，当没有人推着我们学习的时候，我们如何自己找到学习的动力；第二，当我们觉得学习很枯燥、想放弃的时候，如何找到学习的乐趣，从而持续学下去。

在本书的第三章，你将会看到一些卓有成效的自主学习方法，练就“学习策略力”，这些更加高效、实用的学习方法会让你的努力与付出获得最大的回报。这些方法来之不易：它们来源于我个人以及那些为了成长而苦苦奋斗的人的经历，来源于一次又一次关于如何才能使自己学得更好、变得更优秀的研讨与辩论。

在本书的第四章，你将获悉有关“学习创造力”的一些内容。成年人的学习是为了学以致用，更好地解决问题，促进个人成长，因此，我们可以尝试进行一些有益的输出性学习活动，在看懂了、听懂了的基础上，实现做得到、做得好。

在本书的最后一章，我将从成年人在自学过程中经常遇到的几种困扰出发，比如没有完整的学习时间、学习内容过于碎片化，以及拖延和注意力缺乏等问题，分享一些正确面对困扰、持续学习的理念和方法，帮你练就“学习持久力”。

我希望这本书不仅可以惠及那些意识到应该多学习却不知怎么学才更加见效的成年人，同时也能帮助那些对学习的作用和真正目的尚懵懂无知的在校生或青少年，使他们认识到“自主学习”的巨大魔力。当然，我最希望让那些像我幼年一样尚处于艰难贫困的学习环境中的孩子看到这本书，希望学习能成为他们飞越认知鸿沟的翅膀，让他们追求理想，成就不一样的人生！

第一章

学习辨识力：
看看我们都有哪些学习误区

人之学也，或失则多，或失则寡，或失则易。

——《礼记·学记》

人们的学习态度各有不同，有的人贪多求快，囫囵吞枣；有的人蜻蜓点水，浅尝辄止；有的人专找捷径，急于求成。

第一节 在知识焦虑时代，应该学些什么？

安德鲁·亨特在《程序员修炼之道》一书中就总结了对知识的投资组合策略。他说，管理学习要像管理金融投资组合一样。我们一生中的学习时间是有限的，所以既要定期投资，让学习成为一种习惯，也要明智地选择投资对象，即学习方向。

但是，面对纷繁复杂的信息世界，对于大部分被应试教育“喂养”出来的缺乏选择信息能力的人来说，他们面临的最大学习难题便是不能清晰地判断自己真正的学习需求。在“不知道自己该学习什么”的情况下，大部分人都会产生知识焦虑，从而陷入“贪多求全，什么都想学”的状态。

遍地开花的知识焦虑症

前段时间，我在北京见了一个很久没见过面的大学同学，毕业后他进了国企，落户北京。我一直认为他的小日子应该过得不错，安稳而从容。但在我们见面的时候，他表达出另外一种焦虑——“知识焦虑”。他说，前段时间他参加了一次高中同学会，发现以往和自己站在同一起跑线的老同学，现在不仅个个都比他收入高、事业发展得更好，就连生活习惯、处事态度、身材管理都比他做得好。他为此深受刺激，回来之后立志要提高和改变自己，于是开始上网查找适合自己的知识付费课程。按理说，想学习是件好事，但是在看完几个主流的知识付费平台之后，他却更加焦虑了，因为这些平台上的付费课程实在是太多了，有讲认知升级、科学通识的，还有讲理财投资、自我管理、两性关系的，甚至连怎么跑步、怎么休息都有人讲……面对海量的选择，他一下子乱了阵脚，看起来每个课程都值得学，但是自己每天忙完工作后，除了要应付家务和陪伴孩子，只有那么一两个小时的空余时间，他实在不知道应该从哪里开始，于是干脆把感兴趣的课程都购买了一份。但一段时间后他发现，这些课程和他以往买的书一样都被束之高阁。

问题出在哪里？

心理学上有一个概念，叫作“同伴压力”，意思是我们只要处在某一个群体中，就无法避免受到其他同伴的影响，这种影响会迫使我们努力和优秀的同伴保持一致或者更加出类拔萃，否则就会陷入一种焦虑的境地，怀疑自己不够成功。

我同学的这种知识焦虑症，就是受到了同伴压力的影响。在老同学的对比之下，他非常迫切地想要迅速提升自己，以至于病急乱投医，忘记了从自己真实的需求出发，对自己的学习方向做一个规划。

信息技术的快速迭代，使得人类社会已经从信息匮乏的时代进入信息过剩的时代。每天，我们都会面对巨大的信息洪流而不知所措。在有限的时间里如何选择想要学习的知识，已成为全社会都要面对的问题。那么，我们有没有什么好的工具或者方法来解决这种“什么都想学却不知道学什么”的问题呢？

当然，同样的问题我自己也需要面对，幸运的是，在过往几十年的学习历程中，我发现了一个“学习金字塔模型”，它能帮助我在有限的学习时间内聚焦自己的学习方向，时刻保持快速的个人成长。这个学习模型让我在从业 20 年的时间里，从一个普通的销售专员做到了上市公司总裁，从传统行业转型到信息互联网行业，而且还成了畅销书作者。事业之外，我还坚持兼顾自己的爱好，在书法和国画上也算小有成就。今年，我决心利用更多空余时间踏入知识付费的领域。这次，我同样借助这个学习金字塔模型快速完成了知识迭代，在短短不到一年的时间里，就打磨出三门在线课程，同步出版了两本相关图书。我从一个知识付费的门外汉变成了半个专家，可见学习金字塔模型的威力非常强大。

现在，我将把这个神奇的学习金字塔模型分享给你。

金字塔模型，聚焦 4 个学习方向

学习金字塔模型由 4 个模块构成，分别代表 4 个学习方向：做事效能、做人乐趣、自我认知、世界观。

所谓大道至简，学习金字塔模型也是如此。虽然看起来简单，但这个模型的组成及布局却蕴含着深刻的哲理。我们可以想象金字塔的中间站着一个人，他脚下踩着的是人生的两大根基：一个是做事的效能，一个是做人的乐趣——高效能、慢生活，一紧一松，平衡着我们的人生。金字塔的中间是一个人的自我认知，这是我们每个人终其一生感到最难也是最核心的命题。金字塔的顶端是一个人抬头认识世界的世界观，是我们时刻需要做好的视野训练。

为了帮助大家理解这 4 个方向，接下来我将一一详细阐述。

首先，如何理解做事的效能呢？我们每个人每天都需要完成大量具体的事务，比如工作上要开发程序、销售产品、跟客户谈判、汇报演讲、写方案、统计报表……生活上要做饭、操持家务、辅导孩子、维护夫妻关系……这些都需要我们掌握相应的技能。技能掌握得越熟练，事情就会做得越好。这些让我们能够提升自己做事效率的技能性学习，就是做事效能。

其次，如何理解做人的乐趣呢？这个因人而异，有人喜欢在工作之余写几幅大字、涂涂鸦，有人喜欢通过运动来放松自己，还有人喜欢搞一些新奇的收藏，或者在业余时间拨弄一下熟悉的乐器……一个人真正的乐趣，需要满足两个要求：一是能够陪伴我们一生，二是能随时为我们带来内在的幸福感。能满足这两个要求的兴趣就像是一个专属于自己的秘密花园，当我们忙完工作和各种杂事之后，就可以随时切换到这个花园里享受生命的乐趣，恢复能量，获得满足。

第三，如何理解加强自我认知呢？所谓自我认知，指的是一个人通过对心理学、哲学的学习，更好地认识自己、治愈自己。很多时候，一个人对自身的认识不仅决定了他对整个世界的认知，也影响着他和他人之间构建的关系。我发现，生活中有很多人，当他们的人生走到一定阶段后，之所以出现瓶颈，不能再往上提高，其中一个很重要的原因就是他在自我认知上存在比较大的缺陷，而自我认知方面的学习可以帮助他们突破这个瓶颈。

最后，如何理解升级个人的世界观呢？很多人可能觉得“世界观”这个词语过于宽泛和宏观，认为世界观对自己的工作和生活不会产生什么实质性的影响。的确，世界观的提升可能不会迅速地映射到我们的人生中，我们也无法立刻看到它的效果，但世界观却会影响我们对未来的判断，而我们对未来的判断又会直接影响到自己当下在职业或生活上做出的决定和选择，进而影响我们在家庭角色中对自我的定位，甚至影响我们从哪个方向去教育自己的孩子。到最后，我们会发现，人和人最终的差距，正是在于他们对这个世界的理解——我们怎样观察和理解这个世界，就会怎样安排自己的人生。从这个角度看，我们很有必要去升级自己看待世界的方式，积极了解自然科学、人类史、科技的发展、社会的转型、文化的融合等等这些看起来貌似没有什么用的东西。

确定具体的学习内容

在理解了为何要学习金字塔模型之后，接下来我们还需要确定每个方向具体的学习内容，毕竟每个学习方向包含的技能或知识内容相当丰富。

首先，我们要确定效能性学习的具体内容。前面我们曾经讨论过，在工作和生活中需要我们提高技巧的事情很多（大到客户谈判，小到开车做饭），但每个人的精力都是有限的，我们应该先从哪些事开始着手呢？

面对这种情况，我的经验是从当下工作和生活的应用场景出发，撇开那些暂时无关紧要的技能，集中精力找出当下用得最多、最能为自己产生直接价值的技能去学习。

刚入职场的时候，我是一个最基层的销售专员，当时我进行的所有学习，首先考量的一点就是：我要学的内容能否提升我的销售业绩？能否帮助我在未来晋升销售经理？本着“学以致用”这个核心目标，我每天都把工作和学习的场景合二为一，在工作中自然而然地重复和深化所学内容。这样做还有一个好处，就是学到技能之后我便能马上拿来验证，如果成功了，那么随之而来的成就感会让我动力十足，更加坚定地投入精力去学习。

这个方法不仅适用于刚刚参加工作的基层人员，对职场精英也同样有效。以我个人为例，在我进入公司管理层后，工作强度和工作内容都发生了很大变化，疲于奔波的同时，我常常感觉自己时间严重不够用，恨不得一天能拿出 48 个小时来工作。这个时候，我又拿出学习金字塔模型梳理自己，发现问题出在欠缺时间管理技能上。找到问题后，我精心挑选了几本有关时间管理的书，一边学习相关的知识技巧，一边在工作中努力实践，这样很快就把自己的时间安排得井井有条。同样的道理，当我开始着手负责公司大型合作的谈判工作之后，我又集中精力去学习和练习谈判技巧，直到把学到的谈判知识转化为自己的谈判能力。

总之，确定效能性学习内容的两个核心关键点就是“用什么、学什么”，以及“学什么、练什么”。只要我们掌握好这两点，就能不断提升自己的做事技能，最终成为一个能力优秀的人。

其次，我们要确定培养什么样的内在兴趣。俗话说，一张一弛，文武之道。当我们学会了把事情做得越来越快、越来越好时，也要学习如何适时地放松自己，享受做人的真正乐趣。你可能会问：“这还要学习吗？吃喝玩乐谁不会啊?！”在这里我要提醒你的是：你一定要分清楚什么是“真兴趣”，什么是“假兴趣”。比如躺在沙发上玩手机、追剧也是放松，但这些行为真的能带给我们长久的快乐吗？我想很多人都深有体会，这种低级的放松方式只会让我们在消磨时间后更加颓废。

我们还是要按照学习金字塔模型中第二个方向，培养一个或者几个真正能为自己带来幸福感的兴趣，切忌一时头脑发热，花费不少时间和精力培养出一堆“假兴趣”。那么，什么是假兴趣呢？除了上面提到的刷抖音、追剧，还有这类情况：你偶然看到别人弹钢琴很酷很高雅，自己也立刻想学钢琴；你看到别人家的孩子跳舞跳得特别棒，于是也想让自己的孩子马上去学跳舞……这些都属于一时兴起的“假兴趣”。

和假兴趣相反，真兴趣总能让我们废寝忘食、乐在其中，即使没有别人的认可，我们的内心也能获得真正的满足。而且，每个人的性格和天赋都不同，所以在培养兴趣这件事上，我们千万不要跟风，而是要找到那些能够为自己带来长久快乐的“种子”，然后精心灌溉，培养出属于自己的“兴趣之花”。

我个人非常喜欢学习国画和书法，甚至认为自己每天最幸福的时刻，不是站在演讲台上侃侃而谈、接受观众的掌声，也不是历尽千辛万苦终于拿下了一个项目，而是忙完一天后，静心写字作画的那一小段时间。在那一刻，我总能感觉身心归一，内心无比平和。因为国画和书法能带给我真正的快乐，所以无论工作多忙，即使出差在外，我也会随身携带书画工具，抓住一切机会练练字、画幅画，通过这种方式洗去一身的压力和疲惫。

第三，我们要确定如何提升自我认知，弥补自身的不足之处。这个不足之处可以是情绪管理、人际关系、两性关系、意志力、专注力等各个方面的缺陷。

怎样觉察自己有哪些不足之处呢？职场心理学家塔莎·尤里克在她的著作《自知力》（*Insight*）里为我们提供了一种很实用的方法，那就是向外探索，了解别人对我们的看法。你可以请一个关系不是很近但极具洞察力的人对你做出评价，因为他给出的评价往往比那些和你亲近的人更客观。

这个方法是有一定科学依据的。研究表明，如果你只是从视频上观察一个人大概 5 分钟时间，你们虽然没有见面，但你给他的评价，在准确度上几乎和与他经常见面的亲友的看法相似。而且，亲友通常不会对我们知无不言，特别是让他们指出我们缺点的时候。虽然让一个和自己不太亲近的陌生人对自己“指手画脚”有点儿难为情，可我们一旦真的从这些人的评价中发现了自己的不足之处，就可以相应地制订出一份更有价值的自我提升计划。所以，这个方法还是非常值得一试的。

在向别人征询评价的时候，可以尽量把我们的需求具体化。如果你希望自己在别人眼里是个幽默诙谐、魅力四射的人，那么不妨找个昨晚和你一起参加派对的人，问问他对你的印象是否和你的期待相符。你做了哪些事情，可以帮助自己树立幽默诙谐的形象？又做了哪些不利于树立这种形象的事？慢慢从自己最希望改进的地方开始着手。

第四，我们要确定从哪些知识的学习中升级世界观，从而提高自己对世界的认识。这么说可能有点儿抽象，我们可以采用化整为零的办法，分成两层去学习。

第一层，要关注那些自己未知的、能够对原有认知进行颠覆的知识。这一层其实不难，如今信息开放程度很大，国内外颠覆性的经典著作随处可见。

比如尤瓦尔·赫拉利所著的《人类简史》和《未来简史》这两本畅销书——《人类简史》颠覆了我们对人类历史的认知,《未来简史》点燃了人类对未来的想象。如果你能潜心读完，就一定能打开自己的眼界。还有凯文·凯利的代表作《失控》，书中对社会进化、互联网发展等领域做出了很多精彩的“先知预言”。这些通过当代资深的专家和研究者观察和思考出来的颠覆前人三观的知识，都非常值得我们学习。

第二层，要学习杂乱信息里的真实逻辑，也就是那些具有普遍指导意义的规律或原理。比如，你有没有想过自己所在的行业是怎么产生的？现在影响这个行业发展的技术因素有哪些？掌握哪些规律可以让我们从一个夕阳行业转型到新兴行业去？经常做些这样的思维体操，你就会渐渐发现，自己的思想格局也会随之变高变大。

最后，我想提醒一点：在根据学习金字塔模型去确定具体的学习内容时，千万不要贪多求全、囫囵吞枣，最多同时进行的学习内容不要超过 4 个。不信的话，你可以计算一下，自己一个月可自由支配的时间有多少？

每个人的一天都是由 3 个 8 小时组成：睡眠 8 小时、工作 8 小时、可以自由支配的 8 小时。减去一些必要的时间支出，比如上下班通勤 2 小时、吃饭、聚会、追剧等，每天能有 2~3 个小时用来学习就非常不错了！

假设按每天 2 个小时计算，一个人每个月满打满算也只有 60 个小时的学习时间。再看看你给自己定下的学习内容，加起来需要多少个小时呢？只是每天阅读 30 分钟，就花掉了 1/4 的时间。所以，理想很丰满，现实却很骨感！况且百艺通不如一艺精，样样都想学，最终只能每样都学个皮毛。

时代正在犒劳那些保持终身学习的人，而“会学习”的第一要务便是知道学什么，做个明白人。面对浩如烟海的信息海洋和此起彼伏的知识焦虑，我们首先要学会的便是根据自身的需求，制定合理的学习目标，切忌踏入贪多求全的误区。

第二节 收藏正在成为一种伪学习

“与其有乍交之欢，不如无久处之厌”，这是交友的要诀，也是学习的原则。但遗憾的是，互联网时代的人好像都得了一种“错失恐惧症”，唯恐自己错过了新的信息、新的知识，于是经常一刻不停地追逐未知信息并囤积起来以备不时之需。想想收藏夹里的上千条深度好文、书架上一摞摞蒙灰的书籍、Kindle 阅读器里成千上万的电子讲义……这些让我们乍见甚欢、快速浏览、立即收藏、事后将其忘得一干二净的信息，不过是被我们用另一种方式“埋葬”了而已。

当海量信息的即时获取成为常态，我们最稀缺的是对自己进行一次审视：真正的学习到底是什么？我们平时见到新鲜信息就收藏的行为，是不是一种伪学习？

在回答这个问题之前，我想介绍一位传奇般的人物——安德烈·焦尔当。安德烈小时候曾经是一个人人都瞧不起的差生，但他后来通过个人努力拿下了生物学和教育科学的双料博士学位，最终成为国际上著名的生物学家和科学认识论研究专家。儿时的学习经历让安德烈认识到，传统的学校教育体系其实存在着很大的缺陷，它既没有达到让学生学会学习的目标，也没有达到提高学生能力的初衷。后来，结合自己多年的教学和研究经验，他写出了一部对后世教育界产生了深远影响的著作——《学习的本质》。

在这本书中，安德烈·焦尔当为学习下了这样一个定义："所谓学习，就是改变我们自己的'先有概念'，也就是从一个既有的解释系统，过渡到另外一个更加合理的解释系统，从而能够帮助我们处理眼下面临的情况。"

从后往前追溯这个定义，我们会发现，学习其实包含了这样一个完整的过程：

首先，我们在当下遇到了一个情况，这个情况最大的特点是让我们发蒙——我们不知道怎么解释，也不知道怎么去应对和解决，这个新情况给我们原来的解释系统带来了一个挑战。

然后，当我们用过去的知识无法解释和解决这个挑战的时候，就会产生一些挫败感，因为我们发现自己原来的解释系统出现了缺陷和漏洞，而且这个漏洞特别明显，必须补上。

接着，为了消除这种挫败感，我们会主动选择搜集和输入更多的信息，也就是输入新知识。

最后，怎么解决面临的问题呢？我们会对新知识进行加工和应用，打破自己原来的解释系统，构建新的解释系统。

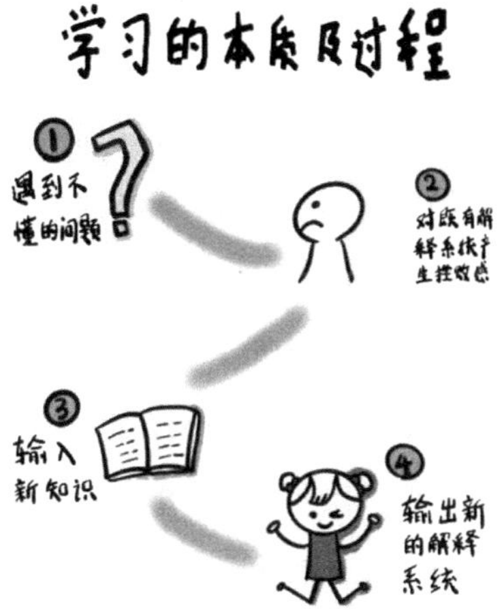

对照安德烈·焦尔当对学习做出的解释，我们会发现，真正的学习是一个完整的闭环：它起源于我们遇到了一个让自己困惑的问题，推动我们因深感挫败而到处寻找新的知识，最后又落脚于使用新的知识去解决我们一开始遇到的问题。

也正是这样一个完整的闭环，向我们解释了为什么所谓的收藏行为并不能算作真正的学习。因为收藏这个动作使我们避开了学习中的两个重要环节：

第一，沉迷于收藏的学习行为会让大部分人都无法经历挫败感。挫败感是学习中很重要的一个环节，没有挫败感，我们就不会主动在学习中建构一个新的解释系统。

而我们平时收藏的内容，不过是一种知识的被动囤积。我们很少因为遇到了一个无法解决的问题，而去有针对性地输入和收藏信息。大部分人往往是在网上无意中浏览到一些信息后，觉得以后可能会有用，唯恐自己会丢失它，于是随手将其收藏起来。轻易得到的东西我们反而不会珍惜，人类的本性就是如此。过不了多久，这些收藏夹里的东西就会被我们忘得一干二净。

以我个人为例，微信刚上线那段时间，信息一下子蜂拥而至，我拿着手机躺在床上浏览相关链接和朋友圈时，也会时不时地发现一些新鲜的东西，比如觉得这篇文章写得不错，那个干货也挺值得学习，这时候我自然就会产生一种要把这些文章放到收藏夹里或者转发到朋友圈的欲望。但是，在没看到这些信息之前，我根本就不知道文章中所涉及的问题是什么，有可能根本用不着这些信息，我的心态其实只是一种“随便逛逛，看到好东西就想占为己有”的旅游心态。从浏览信息到收藏保存，我自始至终获得的都是一种临时的快感和虚幻的安全感。在整个学习过程中，我从没有产生过“遇到问题无法解决”的挫败感。我没有在做一件事，也没有在解决一个问题，我只是觉得新鲜而已。我把这种东张西望，以及在东张西望中获得的新鲜感当成了学习。我以为收藏就是一种学习，其实，从收藏下来那一刻开始，我就将这些信息埋葬在了一个永远不会被记起来的角落。

按照这种“旅游心态”学习了一段时间后，我的手机里收藏了几千条所谓的“干货知识”，收藏夹变得满满当当。但是，如果此时让我回头清理手机，我往往无法回忆起自己究竟是什么时候、出于什么动机收藏了如此多的内容。这些信息虽然躺在了我的手机里，但跟我并没有产生任何关系。

之后，我对这个阶段的这种行为进行了深刻的反思，也明白了为什么收藏行为并不能算作真正学习的第一个原因——收藏会让我们一直停留在舒适区，无法感受到挫败感。而只有感受到了挫败感，我们才会发现自己现有的知识体系存在哪些漏洞，才会有目的地寻找自己真正需要的信息，而不是如此笼统、被动地看到什么就收藏什么。

第二，沉迷于收藏的学习行为，往往只有输入，没有输出。为什么有时我们经历过挫败感并抱着解决问题的目的收藏了自己需要的信息后，依然没有多大的进步呢？答案很可能是因为我们只做到了输入和存储知识，但是没有对知识进行生产和输出。

让我们再回忆下学习的本质：首先，我们遇到一个无法解决的新问题；然后，我们产生挫败感；接着，我们开始输入各种新知识；最后，我们会对新知识进行整合消化，输出一个新的解释系统。这 4 个环节缺一不可，尤其是最后一个输出过程，它是对这些信息加以处理，与你原有的知识体系、经验体验联结起来，完成深度学习的重要步骤。但是，很多人的学习行为往往就止步在前三个环节，忘记了对新知识进行输出。只有输入却没有输出，就像搬来了大量砖头，但只是杂乱地堆在一起——这些砖头若没有经过规则地堆砌，就无法成为房屋建筑。

著名学者吴伯凡曾经讲过一个亚特兰大UPS分拣中心的例子，可以帮助我们形象地理解输入和输出的关系。

亚特兰大UPS分拣中心是美国第二大地面包裹处理中心，每小时能够分拣10万件包裹，它的出现极大地提升了美国的物流网络运营能力。作为UPS的全球总部，亚特兰大分拣中心在每天凌晨两三点钟的时候，都会迎来大量的飞机，以及这些飞机带来的数不清的包裹。如此多的包裹，如何才能实现高效分拣呢？让我们看看分拣中心的处理模式：飞机到达时，所有的包裹都是杂乱无章的，需要寄送到哪个地方的都有。这些包裹被一股脑儿地从机舱往分拣流水线上倒下去，传送带上全是各种各样的包裹。但接下来事情就发生了变化，主传送带的两边出现了很多岔口，相当于支线——包裹走到某个岔口，就会被推到一个支线上，然后继续被推到下一级的分支传送带上。就这样，通过一级一级的分拣和传送，所有包裹最后都会各就各位，传递到收件人手中。

亚特兰大UPS分拣中心在开始阶段是简单粗暴的——所有包裹没有差别地被倒在传送带上。但在传送过程中，每个包裹上的地址信息都会被分类编码，进行信息适配，一级一级往下分发。如果没有人对这些包裹进行分类和分发，那么它们最后就会被堆在仓库里，被人遗忘。

学习中的输入和输出过程其实跟包裹到达和分拣的过程很相似：知识海洋中各种各样的信息就像是机舱里杂乱无章的包裹，当它们被大量输入的时候，如果我们的大脑没有对其进行分类编码，没有将其和原有的知识体系联结起来，没有将其放在我们新解释系统的相应位置上，那么这些信息就会像一堆没人分拣的包裹一样被人遗忘。

我们的大脑只能记住那些经过编码并完成了整个递送的知识。所以，从这个意义上讲，如果我们只沉迷于收藏而缺乏输出，那么在本质上，我们并没有完成真正的学习，反而陷入了知识堆积的伪学习困境。

搞清楚了伪学习的两种原因，我们就可以着手改变自己囤积知识的习惯。从心理学角度说，觉察就是改变的开始，想要摆脱伪学习的困境，则需要我们自行判断自己的行为是不是伪学习。如果是，我们就要有意识地对知识囤积说“不”。这种觉察意识，就是我们一直在强调的“学习辨识力”。

那么，我们应该怎样培养自己的学习辨识力呢？下面 3 个小妙招非常有效，你可以分别试一试。

第一个方法是让自己像程序员一样有的放矢。对于绝大多数人来说，编写计算机程序都是一个专业领域，那些整天对着电脑敲键盘的程序员更是让人觉得高深莫测。我当前正在从事IT信息行业，仔细观察后我发现，虽然并不是每个人都会编写程序，但是程序员有的放矢的工作方法却是每一个人都可以掌握的。

如果你对“码农”稍有了解，就会发现他们的工作状态有其独特之处：他们所有的工作重心和目标都是为了“解决问题”——本着这个目的，程序员很少会有“旅游心态”，他们大多数时候都会集中所有精力去修复程序中的某一个漏洞，这个漏洞修复好了，再集中精力开始解决下一个问题。

基于这种工作性质，程序员无论做什么都会特别专注，他们工作起来心无旁骛，学习目标也非常明确。如果你观察过大部分程序员桌上摆的书，就会发现它们基本都是编程领域的技能书，他们能够做到一切工作都围绕着自己的工作目标，一切工作都围绕着自己当下要解决的问题。所以，我们在学习的时候，也要经常提醒自己学习程序员这种宁缺毋滥、有的放矢的状态。

第二个方法是让自己像医生一样学会过滤信息。生活在这个信息爆炸的时代，我们难免会遇到各种无关的信息干扰，那么我们应该如何从这些杂乱无章的信息中筛选出自己真正需要的呢？这个时候，我们可以借鉴一下医生问诊的小诀窍。医生问诊的时候，需要从病人诉说的一大堆有用及没用的信息中迅速筛选出真正对诊断疾病有用的信息。这个过程中有两个原则特别有效，我们都可以借鉴。

原则 1：关键词原则。对于医生来说，这个关键词就是病人哪里不舒服，医生往往会围绕这些关键信息不停地追问。放到学习上，我们也可以围绕自己要解决的问题列出几个关键词，只要我们接触到的信息与列出的关键词没有关系，那么不管这些信息看起来多么有用也要一律过滤掉。

原则 2：同类内容中重点关注那些差异大的信息。我不知道你是否有过这种经历，看病时你如果不小心说出了自相矛盾的病情，医生就会立即抓住这一点反复追问确认。这是因为有经验的医生都知道，同一个疾病如果在不同时段有很不一样的表现，那么这里面就可能蕴含了大问题。学习上也是一样，对于同质化严重的信息，我们不需要保存太多，在同一个学习目标下，相互之间差异越大的知识，越值得保留。

这两个原则可以帮助我们了解哪些信息是没用的，然后在有用的信息中进一步淘汰同质化严重的冗余信息。

第三个方法是让自己像交警一样快速输出。前面我们已经讲过，要想摆脱“伪学习”，就要对输入的信息进行加工和输出。在输出这个环节，做得最好的其实是交警。比如，如果交警发现有违章停车，他会不会等着车主回来呢？肯定不会，他会马上开出罚单贴到车上去。我们在学习时也应该像交警这样，第一时间就对新学到的信息进行加工和输出。

那么，多长时间算快速输出呢？我认为不能超过 72 个小时。

这个“72 小时原则”是我在《小狗钱钱》这本书里学到的。它是一本教小孩子理财的童话故事，但是其中很多道理也值得成年人学习和借鉴。比如，作者博多·舍费尔在书中指出：“当你下定决心要做一件事情的时候，最好是在 72 小时内快速完成它，否则你很可能因为拖拖拉拉，致使完成这件事的概率趋近于 0。”为了避免这种情况发生，我一般要求自己只要看到有用的信息，就一定要在 72 小时之内对它进行充分消化，用我个人理解后的内容重新对它进行输出和加工。利用这个原则，我们可以时刻督促自己有效输出，完成学习的闭环。

第三节 了解自己，因材施教

自接受教育开始，教育者便会告诉我们，“每个人都是特殊的，了解自己独有的学习方式不仅有助于我们正确看待自己，也有助于老师因材施教”。比如早在 20 世纪 90 年代，我国就有学者明确提出：“研究学生的学习风格，能够针对不同的学生使用不同的教学策略，从而更容易激发学生的学习潜能，真正做到因材施教。”我相信大部分人都相信且从未质疑过这个学习理念。

一项调查显示，95% 的人之所以乐于进行各种类型的心理测试或职业测试，其目的便是希望更多地了解自己——了解自己究竟是怎样一个人，适合怎样的学习方法和做事模式，用怎样的途径才能更容易地获得成功。比如，如果通过测试，你发现自己的兴趣特征倾向于研究与操作型，那么说明你不太适合从事沟通类的工作；比如，你在业余时间更喜欢读书而非与其他人交谈，那么上课时总是分心走神且效率低下也许并非是你的错，很可能只是因为你更擅长通过文字进行学习而已……在感到枯燥、茫然或遭遇挫败时，人们总是希望能够借助某种理论加深自我认知，同时为自己指引捷径。

当下，学习界最流行的自我认知工具便是学习风格理论。多年来，我们身边很多人都相信学习风格的存在，并且一直致力于搞清楚自己到底是文字学习者、图像学习者还是听觉学习者。为了真正地认识自己，找到适合自己的学习方式，他们不断从各种著作和教育专家那里探求学习风格的各种类型，并且坚信自己之所以不擅长某类领域学习的原因，就是因为尚未找到一种有效的风格。他们坚信，如果能挖掘到与自己匹配的学习风格，就能瞬间开启学霸模式。

但是，要想进行高效的学习，我们真的可以从学习风格的理论中真正了解自己并且受益吗？每个人真的都有属于自己擅长的学习风格吗？

揭开学习风格谎言的真相

知其然才能知其所以然，我们首先需要详细了解，学习风格理论到底是什么？究竟有哪些学习风格？

事实上，专家们一直试图将学习风格系统地分类，并且由此产生了很多不同的版本。比如美国的心理学家吉尔福特就提出过一种智力结构理论，他把学习风格分为图形型、符号型和语义型；另一位美国心理学家斯腾伯格打造的智力模型，又把学习风格划分为分析型、创新型、实践型。英国的心理学领域也不甘寂寞，在2004年的一次调查中，英国学习与技能研究中心一口气评选了70多种学习风格理论。在这些理论中，最有名的就是新西兰教育心理学家尼尔·弗莱明提出的VARK模型。

VARK模型将学习风格归纳为以下四大类：

- V（Visual），代表视觉型学习风格，喜欢这种学习风格的人往往更擅长通过视觉图像进行学习；
- A（Aural），代表听觉型学习风格，这类风格的支持者更擅长通过听觉接受信息；
- R（Read/Write），代表读写型学习风格，适合那些更擅长通过记笔记进行学习的学习者；
- K（Kinesthetic），代表动手实践型学习风格，适合这种风格的人最擅长通过亲自动手、亲身实践来学习。

这听起来是不是很有道理，也符合因材施教的教育理念？我以前也十分推崇这种学习理论，甚至想把它积极地分享给大家。之前有个朋友想提高自己的英语水平，苦于找不到合适的方法，便向我求助，我就建议他去做做这个VARK模型测试，然后根据测试结果来制定自己的学习模式。如果测试结果显示他是个听觉型学习者，那么他就可以通过听原版电影的方式来学习；如果测出他是读写型学习者，那么他就要在记笔记、看英文资料这些方面下功夫；如果测出他是动手实践型的学习者，那么与别人进行口语交流才是最有效的学习方式。

乍一听，这样的建议不仅很酷，也挺有道理的：每个人都可以根据自己的性格和特点使用不同的学习方法，肯定比统一的填鸭式教育要高效。正是因为这种方法听起来太美好，所以没有人怀疑过 VARK 模型到底科不科学。

当然，我之前也对此深信不疑，直到有一天无意中翻阅《认知天性》这本书，才发现了学习风格理论的真相。《认知天性》中描述了大量研究者对各种各样的学习风格的测试案例，最后这些学者得出了一个令人震惊的真相：所谓的学习风格实际上并不存在，所有那些让你去挖掘自己学习风格的建议，其实都不靠谱。学习风格理论在学习领域持续了几十年，虽然很多人也对此深信不疑，但它的存在以及科学性却被证明是一个谎言。

在这些测试中，最有证明力的莫过于 2008 年那次联合大调查。当时，有 4 位认知心理学家对学习风格理论产生了怀疑，他们分别是哈罗德·帕什勒、马克·麦克丹尼尔、道格·罗勒和鲍勃·比约克。这 4 位敢于追求真理的心理学家决心从科学的角度去验证，各种学习理论到底有没有科学证据，以及所谓的学习风格偏好究竟能不能增进学习效果。

为了让调查的结论更严谨，这 4 位心理学家从不同的领域选择了一些志愿者，然后按照学习风格理论的模型把他们分为不同的风格组。最后，研究者按照每人对应的风格去教授他们，再去评估这样做的效果是否会更好。

比如他们曾经做过背英语单词的实验，具体方法是把志愿者分成两组：一组只能去看纸上的单词，另一组只能听别人念单词，然后两组成员交换学习方式。如果学习风格真的存在的话，那么视觉型学习者用看单词的方法肯定比听单词的效果更好，而听觉型学习者应该能通过听读记住更多的单词。

但是测试结果显示，无论用什么方式学习，这些志愿者记住的单词量几乎都是一样的，差别根本不大。随后，这 4 位心理学家又在不同的场景中对不同年龄的人群再次展开了测试，而且采用了各种差异化的方式、选取了各种不同分类的风格理论，最后都得到了一样的结论：没有任何证据证明你采用和自己学习风格相符的学习方式就可以造成学习效果上的差异。

那么，如果不同的学习风格对学习效果几乎没有影响的话，又是什么因素在真正左右着我们的学习效果呢？

研究者发现，我们所学到的东西大部分是依赖其意义储存在记忆中的，与学习风格无关。也就是说，你能不能学会某些知识，是依靠你能否理解它的意义来决定的，至于你是通过看图像还是听声音，是通过抽象的理解还是通过具体的例子去学习的，这些因素其实都毫无关系。

一个国际象棋棋手的记忆比赛案例可以充分印证这个结论。1973 年，诺贝尔经济学奖得主、人工智能研究的开拓者赫伯特·西蒙和威廉·蔡斯在研究国际象棋大师的成长经历时，对棋手们做了一项研究。他们先是将比赛过程中的棋盘图像展示给棋手观看，5 秒钟之后便马上要求棋手复述图片上棋子的位置。结果，赫伯特和威廉发现，专业棋手大多都能记住 20 多个棋子的位置，而新手大多只能记住 4 个棋子的位置。

为什么新手和专业棋手之间会有这么大的差异呢？难道专业棋手的视觉记忆都特别好吗？事实显然不会这么简单。赫伯特和威廉提出了一个大胆的猜想：专业棋手能记住更多的棋子位置，是因为他们拥有更多的下棋经验和知识，也就是说在同一个棋盘里，专业棋手可以看见棋盘每一步棋的意义，他知道对手为什么把棋子摆放到这些位置上；但是新手就看不出这些意义，所以他记不住。

为了验证这个想法，赫伯特和威廉做了跟进研究，他们继续给棋手观看了几个随机的棋盘布局，也就是棋盘上的棋子是随意摆放的，没有任何意义。这一次，专业棋手和新手的表现所差无几，大家都记不住棋子的位置了。这次实验有力地证明了赫伯特和威廉的推论是正确的：我们输入信息、储存信息、理解信息，这些过程其实都依赖于信息的意义，它和你更擅长听、更擅长读，还是更擅长写等这些感官优势并无关联，这些因素对我们的学习在本质上影响不大。

可见，掌握知识的最重要因素是理解，是把知识与经验相结合。所以，在《认知天性》这本书里，心理学家给我们的建议是：与其去关注你在哪些感官上更有特长，倒不如去关注你哪方面学得不好，因为学不好的领域恰好暴露了你的能力结构。

达克效应的认知偏差和元认知的纠错机制

但是，和看不见自己的特长一样，很多人也看不见自己的缺陷。更准确地说，我们几乎都会经历一个看不见自己薄弱之处的愚昧时期，以至于我们在这段时间内心中总是激荡着一股超人版的自信。

要解释这个现象，我们就要从一个心理学现象说起。美国康奈尔大学的两位心理学家邓宁和克鲁格通过对人们阅读（主要是逻辑分析文字内容的能力，比如此时此刻正在读这本书的你是如何分析和理解这段文字的）、开车、下棋、打网球等各种技能的研究发现：人们总是无法正确、全面地认识到自身的不足，更别提及时弥补自身的不足之处了。人们的自信程度与其实际掌握的知识技能水平之间的偏差往往会形成一个从愚昧到绝望、再到开悟的曲线，这条认知曲线也被称为著名的达克效应（Dunning-Kruger Effect）。

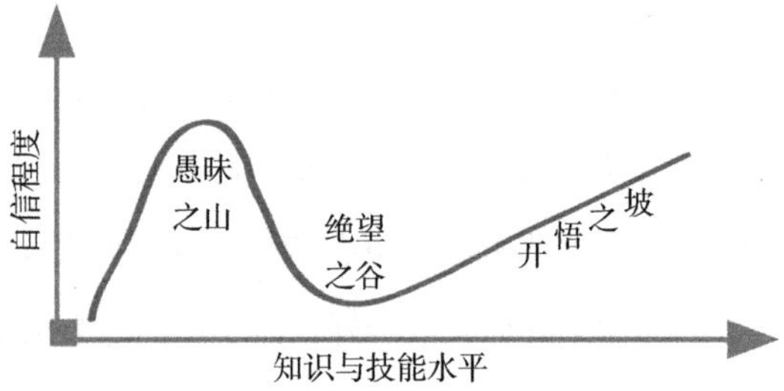

达克效应

达克效应的认知曲线由 3 段组成，分别代表着 3 种自我认知阶段：愚昧之山即未知的未知，是指我们不知道自己不知道；绝望之谷即已知的未知，指我们知道有些事情自己不知道；开悟之坡即已知的已知，指有的事情我们知道自己知道。遗憾的是，通常有 95% 的人都处于“不知道自己不知道却自以为是”的状态，这也是碌碌无为的人在社会上占大多数的原因。视而不见，不知道自己的学习缺陷究竟在何处，将使我们从根本上失去升级自我认知的可能性。

那么，如何才能跳出自身，正确识别自己的学习过程在哪些地方存在问题呢？接下来，我要向各位介绍另外一个心理学概念：元认知。元认知是美国心理学家 J.H. 弗拉维尔在 1976 年提出的概念，意思是“认知的认知”。简单来讲，就是我们“对自己思考过程的认知与理解”。它就像是我们大脑里的安全卫士，不断地审视大脑产生的每个想法，并进一步判断其是否正确，从而决定如何应对、如何升级。

在不具备元认知能力之前，我们大脑的运行方式很可能是这样的：“发生了事件 A → 我们有了反应 B。”

举个简单的例子。在阅读时，我们可能会发出这样的感叹：“这篇文章让人看得一会儿哭一会儿笑，情难自禁，写得实在太好了！”

但如果我们的元认知能力被激活了之后，大脑的运行方式便会变成：“发生了事件 A → 我有了反应 B → 我为什么会有反应 B？反应 B 是对的吗？ → C 好像是更适合的反应 → 于是，我有了反应 C。”

还是以阅读一篇情节曲折的文章为例，此时我们更有可能的思考方式是：“为什么我会被感动？这个情节合理吗？情节好就等于文章好吗？情节本身是不是有待考证？作者的写作水平也许不错，但这篇文章的质量有待商榷。”

我们的大脑产生了“纠错机制”，大脑里竟然出现了两个甚至更多个声音，它们在互相辩论，彼此说服，而我们自己就像是这场小型辩论赛的裁判，观看着这场争斗，最终选择获胜的那位“选手”，做出客观的认知反应。

我个人在学习英语的过程中也体验过元认知的巨大作用。最初决定自学英语时，我曾经在背诵单词的环节上遭遇了严重的挫败感。除了之前背诵过的单词总是会被遗忘之外，在进行阅读练习时，我也经常遇到许多生词。若要顺利将一篇英语新闻读完，我需要不断停下并翻阅字典，以至于因为查字典查到“怀疑人生”，导致我无数次发出“我真的不擅长记单词，更不擅长学习外语”的感叹。感叹之余，我也被生词虐到节节败退，甚至多次想放弃学习。

这种“下定决心—开始学习—遇到难题—认为自己不擅长或风格不对—果断放弃”的学习状态，我相信在很多人身上都有体现。我们太习惯在面对问题的时候表现得如此不成熟，将失败的原因放到自己身上。而我们一旦在遇到学习问题的时候学会有意使用元认知，那么就很有可能做出与之前“随时放弃”截然不同的行动。

在了解过元认知的概念之后，我再一次开启了英语的自学之旅。和之前一样，我又在背诵单词和阅读时遇到了同样的问题，但这一次，我开始停下来思考：“虽然不认识这个单词，但是现在跳过它真的会影响我继续阅读这篇文章吗？”“没有理解某一段的内容，难道值得我因此放弃英语学习吗？”“生词难关是只会发生在我个人身上的问题，还是大部分人在学习英语时都会遇到的普遍问题？”

思维的完整过程一旦被清晰地看见，我就让自己避免再像从前一样走上“愚昧之山”。所以，当我们想要正确认识自己的真实水平，发现学习问题究竟出现在哪里时，与其思考眼前的学习现状存在什么难题，不如思考自己的思考方式，也就是要在学习过程中养成自我观察和思考的习惯，一边学习一边观察自己的学习过程，让这种自我观察帮助我们认识到真正的问题在哪里，及时调整学习策略，避免自暴自弃。

“思考我们的思考”“观察自己的学习过程”，这些方法听起来有点儿玄妙，但这种“跳出自己”来观察自己思考状态的行为其实是一种非常成熟的自我认知方法。相比那些选择逃避真实存在的问题、一味想发现自己的学习风格、希望发挥所长的人来说，一个具备元认知能力、对自己的学习情况了如指掌的学习者，才能更有侧重，学得轻松。

第二章

学习驱动力：从内而外爱上学习

我们都知道，学习是一场终身长跑，笑到最后的人才是真正的赢家。但是，在“胡萝卜加大棒”法则已失效的当下，如何才能焕发并保持我们的学习热情？就像火车要想飞驰离不了火车头一样，学习这场艰苦的旅行也离不开驱动力。学习动机和学习乐趣，就是学习驱动力最有效的两只轮子。

第一节 找到学习的内在动机与外在动机

回忆一下，你上一次信誓旦旦要实现的学习目标，最近进展得如何？估计很多人的学习计划几乎在制订完的同时就被自己扔到了脑后——那本决心要背完的英语字典，书签永远插在 A 开头的前几页；自己省吃俭用买来的在线课程，每天都对打卡装作视而不见……

我们为何会对自己精挑细选的学习任务如此懈怠？归根结底，就是没有为自己找到一个好的学习动机。不管是内部驱动、外部驱动，还是看起来高大上的任务驱动，只有找到内在准确的动机，我们才能将学习这个艰苦的项目坚持到底。

为了找到对自己有效的学习动机，我们需要首先了解学习动机的概念。所谓学习动机，是指引发与维持我们的学习行为，并使之指向一定学业目标的一种动力倾向。那么，什么样的动力才能让我们持之以恒地坚持学习？最常见的就是以下三种学习动机：内部驱动、外部驱动和任务驱动。

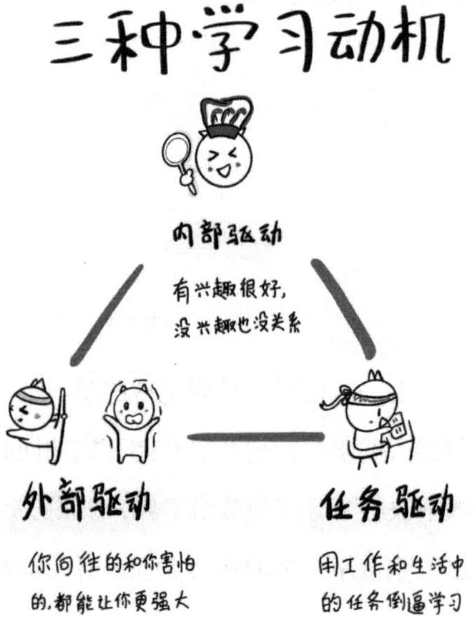

锦上添花的内部驱动？

在这三种学习动机之中，我们最熟悉的应该是内部驱动。内部驱动就是个体对所从事的活动本身有兴趣而产生的动机，比如我们平时说的兴趣、好奇心等等，这些都属于内部驱动。

内部驱动对孩子的激励效果非常明显。比如我家孩子从很小的时候就特别喜欢哈利·波特，利用这个兴趣，我给他买了很多哈利·波特的英文绘本。孩子看到这些绘本之后两眼放光，根本不用大人催促就会主动拿起书阅读，遇到不明白读不懂的地方就会追着我问，弄明白了之后还兴致勃勃，到处给别人讲哈利·波特的故事。通过这种方式，刚上幼儿园的孩子不知不觉中就学会了很多英文单词。

当然，如果成人有自己的爱好，也能驱动自己的学习。我有个朋友特别喜欢研究车，他不仅买了十几年的汽车杂志，还成天泡在汽车论坛里钻研。后来，这个朋友和几个志同道合的小伙伴一起进入汽车行业创业，生意做得有声有色。他们都是因为兴趣、好奇心这些内部动机，很自然地开始学习。

但是，对于大部分成年人来说，内部动机虽然有效，却机缘难得。成年人不像小孩子，对于兴趣、好奇心这些东西，他们有就是有，没有就是没有，很难通过培养让自己喜欢原来不感兴趣的东西。那么，如果我们想要学习的东西，自己确实不感兴趣，又该怎么办呢？这就需要接下来的两种动机上场：外部驱动和任务驱动。

“甘蔗也有两头甜”的外部驱动

我很喜欢《外面的世界》这首歌，尤其是里面的两句歌词：“外面的世界很精彩，外面的世界很无奈。”短短两句话，道尽了成年人的纠结心态：我们每个人都向往诗与远方，希望挣到更多钱，获得更多成功，但真正到了放手一搏的时候，我们又心怀恐惧，犹豫不前，害怕失去自己已经拥有的东西。

一边心向往之，一边恐惧不前——这就是每个成年人的真实写照。虽然身处其中很煎熬，可这却未必都是坏事。很多成年人在脱离学校教育后还能够拼命学习的动力，也正是这两点：他向往的和他害怕的。我身边有很多朋友就是这样，他们去健身，是因为向往自己能身材挺拔地站在健身房里被众人青睐；他们努力学雅思、考托福，是因为想考到国外大学接受更专业的教育。我自己也是如此，当初学英语时每天逼着自己背单词，就是因为我特别羡慕那些能够用英语和别人交流的人。因为有这份向往，每次坚持不下去时我就想象：有一天我也能够特别自信地用英语跟别人交流、去海外和用户谈项目、去国外留学深造……一脑补这些场景，我背单词的动力就来了。

成年人对美好未来的向往，和孩子对一颗糖、一个表扬的向往，本质上其实是一样的。只是长大之后，单纯的物质奖励对我们的影响会逐渐变小，但一个令人向往的愿景，对我们的影响却会不断变大。

我在知乎上看到过一个很火爆的话题，讨论究竟什么才是促使我们拼命学习的动力。其中有一个人的答案让我特别有感触，他说："我背单词时，阿拉斯加的鳕鱼正跃出水面；我考证书时，太平洋彼岸的海鸥振翅掠过城市上空；我埋头钻研时，北极圈上的夜空闪耀着五彩斑斓的极光。当我踏踏实实地努力时，我觉得自己终生都不会看到的美丽景色，正在一步步向我走来。”

所以，只要我们有梦想，学习的欲望和信念感一点儿也不会比儿时少。当我们没有学习动力的时候，不妨去想想自己向往的生活是什么。你想不想去看看外面精彩的世界，去做自己喜欢做的事，买自己喜欢的东西，和自己喜欢的人在一起？找到你心里的这个念想，然后为了实现它，开始学习，提升自己——这就是动力。

向往能给成年人带来学习动机，那么无奈和害怕会不会起到相反的作用呢？让我们看一个真实的案例：

新东方创始人俞敏洪在创业之初，曾经被绑架过一次。那时候，国内的移动支付还不发达，大部分人都是用现金交易。新东方的学费也是如此，特别是在报名的高峰期周末，俞敏洪经常会收到大量现金。更糟糕的是，银行的对公业务周末是不办公的，一到周末，俞敏洪只好把这些现金拎回家，时间长了就被劫匪盯上了。一次，俞敏洪又独自一人带着大量现金回家，劫匪瞅准机会给他注射了一针大象用的麻醉剂，然后在他晕过去之后把钱都抢走了。万幸的是，俞敏洪的抗麻醉能力比较强，后来被医生抢救了过来。俞敏洪醒来的第一件事，居然是让别人考他单词。确定单词都记得之后，俞敏洪才放心下来，因为他发现自己赖以谋生的知识技能并没有失去。[1]

这个故事让我深受触动，在如此重大的变故面前，居然只有知识才能给俞敏洪带来真正的安全感。这种感觉我也深有体会，很多时候在内心深处驱使我不停学习的动力，并不是奖励或者梦想，而是对未来的恐惧。我害怕自己如果不学习，个人竞争力就会越来越低。所以，只要运用得当，压力、恐惧和危机意识同样能为我们带来学习动机。

不过，并不是所有人都会有危机意识，也有一些人对压力不敏感，即使危机已经迫在眉睫，他们的心里也不会有所警觉。这种性格的人，在学习上就很难被外部动机驱动。比如现在的很多孩子，他们从小就生活在“蜜罐”里，衣来伸手，饭来张口，根本没有通过努力学习来改变自己状况的动力，因此也不会有危机意识。所以，在推动孩子学习的时候，家长就可以从这个角度出发，适当地制造一些危机，让孩子慢慢培养起危机意识。

关于危机意识，知名主持人蔡康永说过这样一段话：“15 岁你觉得游泳难，放弃游泳，到 18 岁遇到一个你喜欢的人约你去游泳，你只好说‘我不会’；18 岁你觉得学英语难，放弃英语，到 28 岁出现一个很棒但要会英语的工作，你只好说‘我不会’。人生的前期越嫌麻烦，越懒得学，后来就越可能错过让你动心的

---

① 详见俞敏洪《我曾走在崩溃的边缘——俞敏洪亲述新东方创业发展之路》，中信出版集团 2019 年版。

人和事，错过新风景。”蔡康永这段话，其实就是在启发每一个人，“少壮不努力，老大徒伤悲”，我们现在的每一次偷懒，都是在放弃以后过得更好的机会。这就是制造危机。

所以，即使没有“兴趣”和“好奇心”这类内部驱动，只要有“向往”和“畏惧”这两种外部驱动，我们依然能够动力十足地开始学习。而且，对很多人来说，这类外部驱动带来的学习效果非常明显。

倒逼学习的任务驱动

除了内部驱动和外部驱动之外，还有一种效果明显的驱动力就是用工作和生活中的任务倒逼自己学习。一个人当然可能会为了实现自己的梦想或者解决危机去学习，但并不是所有的学习动机都是因为这两点，更常见的原因是为了完成工作和生活中的任务，为了解决当下面临的问题而努力学习。

一个最典型的例子就是在大学课堂上，那些打算毕业后从事和本专业无关工作的学生，往往会在专业课上睡觉或者玩手机；但那些将来打算从事与本专业相关工作的学生，就会认真听讲，追着老师讨论问题，因为他们知道，现在老师讲的知识，将来对他的职业生涯会有帮助。带着这种任务意识去学习，他们的学习动力自然就更强。

我们每个人当下的生活和正在从事的职业，其实都为我们提供了很多学习任务。在第一章“学习辨识力”中讲述金字塔模型时，我曾提到过我之所以去学时间管理、谈判技巧，都是因为当时的工作需要我具备这些能力，所以我只好倒逼自己去学习相关知识。

用任务倒逼学习，很多时候比兴趣带来的学习效果还要好。我有一个朋友对美术设计很感兴趣，于是报了好几个辅导班去学设计。但是学了一年之后，他发现自己的水平还没有公司新招的一个实习生好。为什么呢？因为实习生制作的每一张设计图都是有任务要求的，必须达到领导要求的标准才行。工作上的高标准、高要求为他带来的学习驱动比兴趣大多了，所以他必须不断练习，不断提高。

用任务倒逼自己学习，甚至还能帮你发现自己的兴趣所在。比如，我夫人对烹饪的兴趣，就完全始于给孩子做饭的任务。在没有小孩之前，我们吃饭比较随意，对饭菜的营养搭配也没太高要求，自然也就没有做饭这个任务。但是随着孩子的出生，夫人特别希望每天给孩子提供既有营养又美味的食物，做饭一下子成为了我们生活中一项重要任务。在这种任务的驱动之下，她做饭非常有动力，还经常潜心研究各种食谱，烹饪技能迅速得到了提高。后来，不仅孩子和家人看到她做的饭菜就胃口大开，很多朋友也开始欣赏她做饭的手艺，夫人对烹饪这件事的兴趣自然也跟着水涨船高，每天会兴致勃勃地开发一些新的菜式，乐在其中。

很多人可能觉得：“生活和工作中确实有很多任务，但是我每天都是疲于应付，也没能从中学到什么东西啊！”造成这种情况的关键，就在于你可能缺少了一种自觉的心态——要想从任务出发，倒逼自己学习，就必须在自己不知道学什么，也没有动力学习的时候，时刻提醒自己，要有一种发现任务、解决任务的意识。想一想打开搜索引擎的时候，你会往那个搜索框里输入什么问题，而这个问题就是你需要解决的任务。比如上面提到的我夫人需要解决的问题是：“怎么让孩子吃得健康又营养？”她带着这个问题发现了自己的任务，从而倒逼自己产生了学习烹饪的动力。

我那位喜欢美术设计的朋友，在受到公司实习生比他的水平还高的刺激之后，也可能会打开百度搜索框，输入“为什么设计水平进步很慢”这类问题。当我们没有动力去学习的时候，就可以想想自己曾经提过的问题，每一个问题里都有一个需要解决的任务。这种自觉寻找问题的意识，能够有效地帮助我们倒逼出自己的学习动力。

可能有人会说：“我是一个全职的家庭主妇，既没有工作上的任务，对生活中的柴米油盐也不感兴趣，我真的找不到自己的任务，应该怎么倒逼自己学习呢？”在这种情况下，还有一种方法是，你可以看看自己的孩子在学什么，然后把孩子的任务当成自己的任务，学好之后再去辅导孩子。

我的孩子最近在学习钢琴。因为年龄太小，他对音乐的理解力有限，老师要求孩子在家练琴时，家长最好能陪同并且辅导。但是我和夫人对钢琴一窍不通，根本没有办法辅导孩子。为了帮助儿子学琴，夫人也报了钢琴培训班——儿子上钢琴课的时候，她也在上课。这样她既合理利用了等待过程中的时间，也可以在学习之后更有效地陪孩子练习。现在，大部分情况下她都能顺利地辅导孩子了，而且，因为大人的学习能力更强，没过多久她就能演奏不少优美曲子，还经常在家庭活动中表演，她逐渐发自内心爱上了钢琴，自主学习的动力也越来越强。我夫人一开始学钢琴的目的非常明确，就是为了学会之后指导孩子练习。这种教学任务产生的驱动力让她的学习效果特别好，进步比很多人都要快。

所以，抱着一种“自己学完了要去教别人”的心态去学习，以教促学，也是落实任务驱动学习的一种方式。

第二节 找到学习的乐趣，进一寸有一寸的欢喜

如果我问你，在学习的过程中，最有可能让你轻言放弃的理由是什么？我想排名第一的答案一定是“枯燥”。再有毅力和动力的人，如果在学习过程中一直像上了发条的机器人一样，即便很努力也完全感受不到快乐，那么他肯定不会坚持太久。有没有什么方法，能够化腐朽为神奇，让枯燥的学习过程变得有趣呢？

同心圆模型：让学习进一寸有一寸的欢喜

在讨论学习兴趣之前，我们需要首先了解快乐的含义。我个人很喜欢的德国哲学家康德曾给快乐下过一个定义，他说“快乐就是我们的需求得到了满足”。这个定义听起来非常直白，但大道至简，真正的智慧往往就蕴含在这种简单的道理中。康德对快乐的定义已经在生物学的角度上得到了印证。生物学研究发现，

当一个人的某个需求得到满足的时候，他身体里的多巴胺就会大量分泌，多巴胺又会刺激神经元，让这个人的大脑处在一种亢奋的状态，这时他就会感到特别快乐。

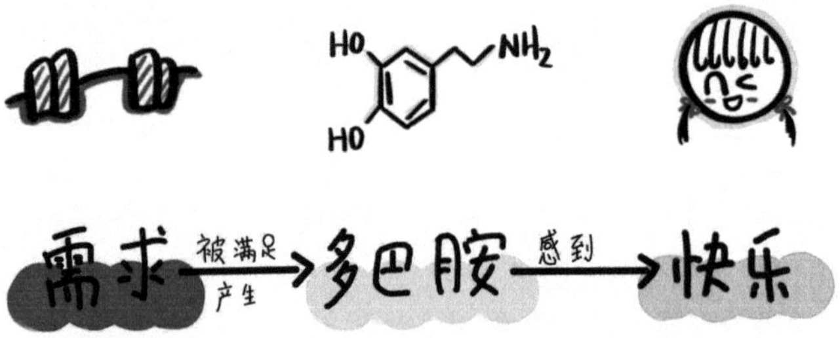

学习的乐趣，归根结底也是快乐的一种形式，它自然也遵从快乐的产生原理。要想在枯燥的学习中感受到快乐，我们可以利用康德和生物学家的研究结果，在学习中多给自己找一些满足感，以刺激多巴胺的分泌。

那么，什么样的事情能给我们带来满足感呢？美国心理学家卡尔·普法夫曼曾经对这个命题做过研究。他对来自不同领域的人开展了一项关于满足感的调查，发现有三种情况能让人们产生满足感，这三种情况分别是：胜任一些事，取得一些成就，获得一些积极正面的体验。

这样我们就得到了一个正向循环：当我们努力去胜任工作，取得成就或者赢得正面体验时，我们就能获得满足感；我们内心的需求被满足了，身体就会大量分泌多巴胺；多巴胺反过来又刺激大脑，让我们感受到快乐。根据这个快乐公式，当我们情绪不好时，就可以从这三个满足感的源头出发，激发自己的身体分泌多巴胺。

受普法夫曼研究的启发，我把这三个满足感的源头做成了一个同心圆模型，然后应用在自己和孩子的学习中，效果特别好。这个同心圆由 3 个圆环构成，从内到外代表的意思分别是：先在学习中找到胜任感，再从学习中找到成就感，最后记得给自己穿插一些快乐的学习体验。这样做的目的，就是为了摆脱学习过程中的枯燥感，让学习进一寸有一寸的欢喜。

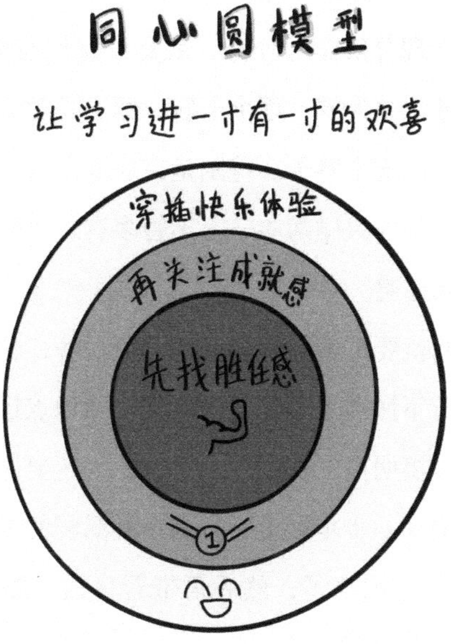

先找胜任感

在同心圆的模型中，位于最核心地位的就是“先找胜任感”。为什么要先找胜任感，而不是成就感呢？很简单，因为要想从学习中找到乐趣，最基本的要求就是“能看懂”。学习这件事最讲究循序渐进，如果基础都没有打好，甚至还没搞懂自己在学什么，就强迫自己硬着头皮学下去，肯定会越学越痛苦。在这种状态下，别提乐趣了，估计你连坚持下去都难。

胜任感虽然很重要，可学习内容大多都会有难有易，我们应该如何保证自己时刻保持胜任感呢？这就需要我们掌握好两个关键点：合理分解学习任务和过程导向。

第一点，合理分解学习任务，就是说我们在学习的过程中，要把疑难的任务化整为零，逐个击破，而不是凭借一腔热血埋头蛮干，恨不得一口吃个胖子。特别是在遇到困难时，你千万不要强行逼迫自己去一次次碰南墙——不管多有毅力的人，南墙撞多了也会想放弃和逃避。

这时，我们就要试着分解自己的学习任务，分析一下：这部分自己为什么听不懂？是不是其中有几个知识点还不理解，还是因为有些概念没搞明白？找到原因之后，一定要立刻停下来，先把发现的知识漏洞一步步补上，直到在补漏洞的过程中，认为自己已经搞懂这些知识点了，然后再带着自信一路“打怪升级”，挑战更大更复杂的难题。

第二点，过程导向，它是指我们要在学习中关注过程，而不仅仅是结果。对于我们来说，关注过程绝对是一件知易行难的事情。回忆一下你小时候，每次向家长汇报考试成绩是不是都特别难熬？因为每次考试成绩一出来，家长都会第一时间关注哪里扣分了，分数高还是低。如果考得好就让你不要骄傲，继续努力，如果考得不好就是一大堆指责和批评，很少有家长关注这些成绩背后的过程，孩子们得到的也大多数是成绩带来的负面反馈。

孩子如果总是被家长的负面反馈所包围，就会逐渐失去自信心，甚至陷入自我怀疑。在这种只关注结果而不关注过程的环境下长大的孩子，一旦看到自己的学习成绩不理想，就会产生焦虑和烦躁，失去对学习的胜任感。

要想改变这种状况，我们需要在学习的过程中为孩子创造一些胜任感，同时减少自己对学习成绩和考试结果的过度关注。比如，我们可以引导孩子在学习过程中感受到自己有能力学会更多知识，将孩子的注意力转移到自己能够修补好越来越多的知识漏洞上来，让他觉得自己可以胜任学习这件事。只有我们不再关注结果，并且不断给孩子正向反馈，他对学习的态度才能由消极转为积极，他才会觉得学习这件事也没那么枯燥，甚至还有点儿意思。

再关注成就感

找到学习的胜任感之后，我们就会感觉到，学习原来并不是一件枯燥的苦差事，甚至还有点儿意思。但这个时候，我们只是往前进了一小步，内心不那么排斥学习了，此时距离真正享受到学习的乐趣还有一段距离。接下来，我们为同心圆模型中的第二环而努力——在学习中找成就感。

怎么找到成就感呢？一个最常见的办法就是即时激励。很多人都爱玩游戏，那你有没有想过，为何我们一打开游戏界面就停不下来，闯完一关还想再闯下一关，有时甚至会忘记时间的流逝呢？这里面有一个很重要的原因，就在于游戏设计人员设置了很多小奖励，这些不断取得的小奖励能够让我们随时获得成就感，以至于沉迷在游戏的世界中不能自拔。

我们在学习的时候也可以参考游戏的机制，给自己设置一些及时的反馈和奖励。比如，我们可以许诺自己，如果这个月能够完成 3 节在线课程并且按时上交作业，就奖励自己清掉购物车里一件心仪已久的物品。这样，你在学习的过程中不断回顾自己实现了哪些小目标，成就感自然就会油然而生。

除了即时激励，游戏机制中还有一个更厉害的方法，就是故事化设定。你可能没有关注过这一点，但是仔细想想，那些热门的游戏其实无一不是将自己的情节嵌套在一个个史诗般的故事之中，这样做的目的就是为了让玩家有成就感。毕竟，一个在现实世界中各方面都表现平平的小人物，到了游戏中居然能成为一呼百应的大英雄，时而在艰难的时局中拯救世界，时而与佳人花前月下……光是想想都让人激动不已。

在学习过程中，我们同样可以借鉴这种方法，把自己的学习计划和目标也进行故事化、剧情化。我有个朋友想考司法考试，但他不是法律专业出身，很可能要准备一两年才考得上。这么长的学习计划，一般人很难坚持下来。为了不让自己半途而废，这位朋友给他的复习计划起了一个高大上的代号，叫作“神圣的荣誉”——因为他觉得通过司法考试，成为司法机关的一员，是一件非常神圣的事。而且每次当别人问他“你司法考试准备得怎么样了”，他就说“我离神圣的荣誉又近了一步”……通过这种方式，他把自己的学习想象成一场伟大的战斗，每实现一个小目标都特别有成就感。

你可能会怀疑，只是给自己的学习计划取个有情怀的名字，就有这么大的作用吗？我们可以想一想，每当国际上有军事行动，主事者都会为这些行动命名，他们通过这种方式告诉参战的军人，“你们正在完成的是一件将被载入史册的荣耀使命”，从而增加军人的成就感。学习也是如此，我们如果只把它当成一件很平凡的事情，必然会学得很累，很无聊，毫无乐趣而言。但如果我们能把自己想象成一个在疲惫生活中实现英雄理想的人，把我们的学习计划改编成史诗般壮丽的故事设定，就会从学习中得到很大的乐趣。

成年人习惯了在生活和工作中负重前行，就连自己的学习计划也总是带着功利性。可是无论是孩子还是大人，每个人心中其实都有一个英雄梦，都渴望自己能像漫威的超级英雄一样，一个人也能拯救全世界。我们要做的，就是把这些深藏在心底的英雄情结召唤出来，让它不断为我们的学习之旅注入超能量。

穿插快乐体验

同心圆模型中的最后一环，是给自己创造一些快乐的学习体验。有些时候，我们可能无法在学习中找到胜任感和成就感，但是学习目标又必须达到，在这种情况下，我们怎样才能让自己在枯燥的学习过程中坚持下来呢？这时候就该让“快乐体验”圆环上场了。当然，在找到胜任感和成就感的基础上，再营造一些快乐的体验，效果肯定会更好。

不过，学习毕竟是一场艰苦的旅行，我们不可能随时都保持快乐的心态。那么，在哪些时间点上安排快乐体验效果最好呢？一些科学家对此做了研究。

诺贝尔奖得主、心理学家丹尼尔·卡尼曼经过研究发现，人们在做一件事的时候，对体验的记忆主要由两个因素决定：一个是高峰时的感觉，也就是最快乐或者最痛苦的感觉；另一个是最终结束时的感觉。而整个过程中其他时间段的体验，我们通常没有太深刻的记忆。这个研究结果被称为“峰终定律”。

峰终定律给我的启示是：我们不需要在学习的全程都保持好的体验，我们只需要在两个关键记忆点上给自己制造一些快乐体验，就能让自己享受到学习的乐趣。

第一个记忆点，是负面感受的峰值马上要出现的时候。经常学习新知识的人，难免会遇到某个知识点反复背诵也记不住，或者某个难关怎么钻研也攻克不下来的情况。这个时候，我们常常会觉得万念俱灰，心情特别烦躁，甚至认为自己根本不适合学习这门课程。在这种自己学不下去的糟糕时刻，我们就要及时给自己穿插安排一个快乐体验。

第二个记忆点，就是我们每次结束学习的时候。此时的体验，我们往往会在下一次开始学习时仍旧记得，所以要尽量保证自己每次的学习过程都有一个愉快的结尾。

我有一个朋友因为孩子在学习上偏科而苦恼。他的孩子非常喜欢数学，但是英语很差，连达到及格都费劲。因为在英语学习上没有胜任感和成就感，所以孩子特别讨厌做英语作业，每次给孩子辅导英语作业时，家里都像发生了一场世界大战。孩子磨磨蹭蹭不愿意落笔，大人火气上来就河东狮吼，基本每次都会不欢而散。时间一长，一提起写英语作业，孩子就本能地逃避排斥，毕竟之前英语作业的糟糕体验让他一直记忆犹新。

后来，我建议他用同心圆模型中的快乐体验改变现状。朋友认真地学习了峰终定律，找到了孩子英语学习的两个关键点：首先是在辅导孩子作业时，他要努力克制负面情绪的出现。一旦感觉自己马上要发火了，或者孩子要崩溃了，就要赶紧停下手头的英语练习，转而让孩子做几道自己擅长的数学题，然后便使劲表扬他在数学上的良好表现。等孩子的情绪好转了，再回到英语作业上来。这么做的目的，是为了避免即将爆发的坏情绪，在孩子马上要出现负面体验峰值时，及时扭转乾坤，把坏情绪转化为积极体验。

同时，朋友还尽力保证孩子每次写英语作业时都以一个愉快的状态结束。根据峰终定律，如果孩子每次都带着负面情绪匆匆结束学习，那么他就会牢牢记住这种糟糕的感受，然后在下次做英语作业的时候就会产生逃避心理。

为了抓住学习结束时的关键点，每次做完英语作业后，朋友都会给孩子安排一个愉快的收尾环节。小孩子都喜欢做游戏，于是朋友就把每天的游戏时间安排在英语作业完成之后的这段时间里，并且在游戏开始之前就郑重其事地告诉孩子，因为他今天英语作业完成得非常棒，所以写完作业后就可以全身心地享受游戏时光。这样快乐地结束每一次学习，让孩子把积极情绪延续到下一次做英语作业时，天长日久，孩子居然真的喜欢上了英语。

第三章

学习策略力：

学习方法才是关键

你相信天才吗？或者说你觉得任何事情靠后天努力就可以完成吗？不论你支持哪个观点，我们都必须承认：我们中的大多数人都达不到天才的程度，努力是我们的不二选择，对学习而言尤其如此。但是，努力不只是意志力的较量，它更是一种具有策略性的活动。

那么，到底应该怎样努力学习？应该采用什么样的策略来投入自己的时间和精力？应该怎样有效启动、维持和优化对学习行为的投入？这些都是值得探讨的重要问题。

第一节 以零基础快速进入新领域

这是一个知识快速迭代，新领域、新技术层出不穷的时代，除了熟练掌握既有专业领域的知识以外，我们还需要接触一些全新领域的知识。比如，当下抖音火了，5G 来了，短视频变成了最流行的营销手段，那么出于工作原因，我们便需要学习如何制作和分发短视频。再比如，近两年，不少省份将编程列入了高考范围，学习编程已成为一种主流趋势，很多家长也希望带领孩子学习编程……但是，大部分人面对新领域时往往会一脸茫然，不知如何快速入门。

从入门到熟练的 4 个学习阶段

事实上，在零基础的情况下，想要学习一门新知识或掌握一项新技能，往往需要经历一个从入门到熟悉的学习过程。我们在未入门时对新领域感到迷茫是一种非常正常的现象。

以学习开车为例，要掌握这个技能，从入门到熟练，我们至少要经历以下 4 个阶段：

第一个阶段：无意识无能力。在学习开车之前，作为一个零基础的“小白”，我们对于开车这个技能往往既没有概念，也没有能力。

第二个阶段：有意识无能力。每个人学车的第一步都是先学习一些与驾驶相关的理论知识，参加科目一考试。测试能确保我们掌握一些有关机动车的基本知识、道路安全法、交通信号等，从意识上对机动车驾驶涉及的整套系统建立一个总体认知。但是在这个阶段，我们的驾驶技能依然为零。

第三个阶段：有意识有能力。掌握相关理论知识后，我们开始学习开车，一步步熟悉驾驶步骤，包括如何加减挡、如何变更车道、如何倒车入库、如何侧方停车……在这个阶段，我们的驾驶技术并不熟练，总是有些磕磕绊绊，还会经常犯错误，每次操作都需要不断有意识地提醒自己将理论知识与开车的每个步骤联系起来。

第四个阶段：无意识有能力。经过一段时间的训练之后，我们能够熟练掌握驾驶的各种技能，在遇到突发情况时能够非常熟练地进行处理，单单依靠习惯而非思考便能进入安全驾驶的境界。

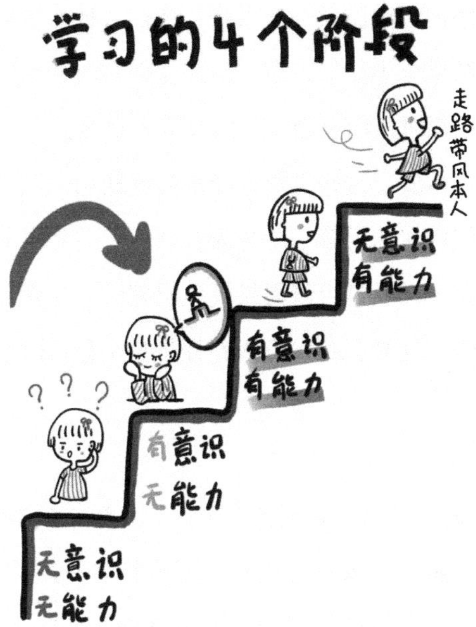

对于新领域只有模糊概念而没有基础认知，其实就是处在第一个“无意识无能力”的阶段，即我们通常所说的“零基础”。此时若想找到快速入门路径，我们需要从第一个阶段向第二个阶段跨越，即使在操作技能上还不够熟练，但至少可以从意识上对新领域建立一个总体认知。

建立总体认知，找到入门路径

当然，对新领域快速建立总体认知也需要注意技巧。如果只是局限于网络搜索或泛读一些书籍，往往会被海量信息裹挟导致一头雾水，结果也不尽如人意。想要获得对新领域的宏观感受和总体认知，我们可以向金融行业的投资人学习。

出于工作需要，这些投资人经常需要使用一套简单的分析方法，在短时间内快速了解一个全新领域，然后对眼前这家公司下一步的发展路径以及是否值得投资做出判断。这套分析方法叫作"3W1H"模型，主要包括投资人在评估一个公司时会重点询问的4个问题：

- What：这家公司做什么业务？主要满足哪些市场需求？
- Where：这家公司目前发展到了哪一步？
- Why：我为什么有必要投资这家公司？
- How：这家公司下一步的发展计划是什么？

我根据自己多年的学习经验和实践总结，将3W1H模型进行了适当改良。按照改良后的3W1H模型深入询问以上4个问题，大部分人都可以在零基础学习新领域的情况下尽快找到快速入门的路径。

What：明确需求。明确需求需要从不同的角度询问自己两个问题。第一个问题：学习这个知识技能可以满足我哪些需求？思考这个问题有助于确保我们带着明确的目的进入学习，而非盲目开始。第二个问题：要掌握这个知识技能，需要我掌握哪些知识，或者需要我学会什么技能？

Where：**找到差距**。理想状态和现状之间的差距在哪里？如果要达到学习目的，目前我还有哪些知识或技能尚未掌握？

Why：**分析原因**。这些差距为什么会发生？如果需要弥补差距，敏感度最高的部位在哪里？

How：**给出方案**。我下一步应该如何做？

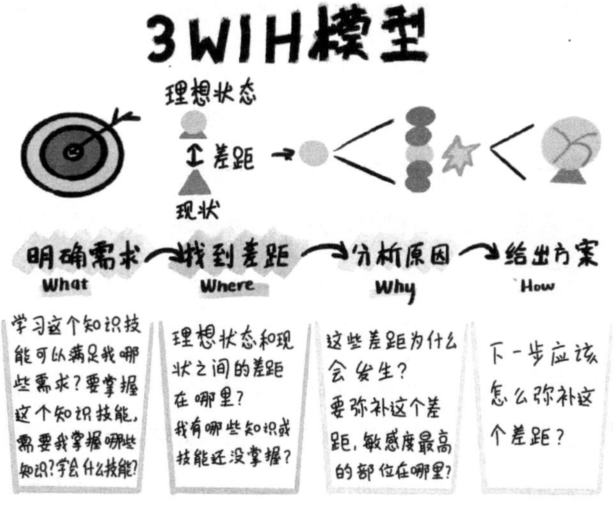

莉娜是我在线下分享时认识的一位学员，她经常向我咨询一些问题。从业以后，她经历过一场在我看来跨度比较大的职业转型。莉娜在校时就读汉语言文学专业，毕业后在一家杂志社工作过两年。今年，她突然想要转行到法律领域，成为一名专职律师。考虑到法律行业对专业修养要求比较高，而她个人在法律专业能力上又是零基础，她为此查阅的资料也良莠不齐，甚至不乏观点相左的情况。于是，莉娜找到我并向我请教如何快速进入一个新领域。

我告诉她，进入一个新领域进行学习，我们不能基于想象一时冲动，也不能人云亦云，盲目跟风，而是应该按照 3W1H 模型深入思考——新的学习方向是否符合我的学习目的？如果要实现理想中的学习目标，我目前尚存在哪些差距？如果要弥补这些差距，切入新领域的关键点又在哪里？

我向她层层深入地追问了以下 4 个问题：

问题一：What。你希望通过学习法律，达到一个怎样的职业目标？若要成为一名律师，你需要具备哪些条件？

莉娜表示，她之所以想要转行进入法律行业，是因为她在儿时便渴望长大后为维护社会的公平正义而奋斗。但高中毕业后，她未能如愿以偿，进入法学院学习，直到工作后有了更多自主权，对法学的向往之情也重新燃烧起来。莉娜希望抓住机会，重新开始学习法律知识，以期尽快转型成为一名业务能力强大的专职律师。

而想要成为一名专职律师，她首先需要花费大量时间学习，并储备扎实的理论知识。此外，鉴于一部分律师事务所会对应聘者的学历及专业有所限制，所以莉娜最好能够重新进修并提升学历。最后，律师行业对从业资格要求比较严格，所以她需要尽快通过相关职业资格考试。除了这些条件，莉娜认为从事律师行业还需要拥有大量人脉储备以便未来开展业务。

问题二：Where。我接着向她提问："你现在的个人素养和专职律师之间的差距在哪里？"

值得提醒的是：若想准确、全面地找到这个差距，我们必须对新领域的关键概念有一些初步了解。回到莉娜这里，她需要尽可能对法学教育的培养目标和对法律人才的评价标准拥有较为系统的认知，才能进行深层对比。

莉娜认真请教了一些专业人士，经过分析，她发现差距主要存在于她的专业知识和思维方式两个方面。专业知识属于基础条件，经过一段时间的系统学习比较容易弥补；而思维方式上的差异相对难以弥补：法律人思考问题偏向理智、冷静、客观，相较之下，莉娜考虑问题更偏向感性并且容易被情感牵制。同时，在独立思考的能力上，她认为自己也有所欠缺，很容易被舆论轻易影响。

比如，每当发生一些严重的刑事案件时，网络上的声音很容易让人陷入集体的情绪化思考，其中甚至不乏一些"请求判处死刑"的集体声讨。莉娜个人也很容易被这些义愤填膺的评论所影响，而具备专业素养的法律人士则会客观地分析事件起因，从行事动机、影响后果、法律、道德与伦理的关系等多方面来定性事件。

问题三：Why。这些差距为什么会发生？要弥补这些差距，敏感度最高的部位在哪里？

莉娜告诉我：因为她之前所就读的专业和从事的工作均偏向文字方向，身边的同学、朋友以及同事也大多和她一样感情细腻、情绪丰富，因此无论是自己的思考方式还是身边环境，都比较缺乏理性声音。要解决这个问题，莉娜认为自己有两种方式可以选择：其一，适当减少一些感性因素的接触；其二，主动训练自己的理性思考能力。

但是，哪一种方式才是下一步改变的关键呢？她需要考虑哪种方式对于改善自己的思维方式更敏感。最开始，莉娜认为下一步的关键应该是减少阅读文艺类书籍，同感性因素适当“隔绝”。但是经过一段时间后她发现，这种方式治标不治本，毕竟要成为一名职业律师，她以后需要接触各类事物，也需要和各类人群打交道，所以不可能永远排斥感性人群和感性观点的存在；但若是缺乏独立思考能力，遇到问题时，她就依然会被外界轻易影响。她明白，只有拥有强大的理性思考能力，才能时刻保持客观理智。

既然如此，那么弥补差距的最高敏感部位应该是：尽快培养起自己的理性思考能力。找到敏感部位，莉娜才能清楚从哪个环节开始改变最有效率。

问题四：How。寻找真正的解决方案，从敏感部位入手弥补差距。

为培养理性思考能力，莉娜选择了以下两条路径：一是在补充专业知识的同时，大量阅读相关法学专著，以便了解法学家思考问题的方式。除此之外，更多不同的观点也能帮助自己训练多元思维，让自己习惯使用多种角度思考问题。二是主动结识一些法律专业的朋友，与他们交流对同一件事的看法，深度参与一些专业的法律论坛，以此扩充行业人脉。

事实证明，这些方式也确实大有帮助。我再见到莉娜的时候，她已经在一家不错的律师事务所就职，业务也越来越精通。

从牙牙学语到毕业进入社会，我们每个人都经历了无数次选择，小到看什么书、参加哪个兴趣班，大到填写高考志愿、选择进修专业，在我们对社会运作懵懂无知，甚至对自己也一知半解（不清楚自己喜欢什么、擅长什么、适合什么）的时候，便稀里糊涂地做出了许多或对或错的选择。

好在进入社会后，我们还有机会可以跨领域学习，接触新的知识，从事新的职业，在自己真正感兴趣的领域上做出一番事业。3W1H 模型的价值正在于此——它可以让我们快速进入一个新领域，缩短从普通人成为专家所需要的“一万个小时”。

第二节 获得优质的学习资料

上学时和毕业后的学习差别就像烧一盘菜——上学的时候，老师不辞辛苦地为我们精选食材并清洗干净，再端到我们面前，所有的知识重点、难点、要达成的学习目标都一目了然。而毕业之后，我们需要自己购买、挑选和清洗“食材”，不再有老师这样的专业人士引导，学什么、怎么学，全靠自己探寻。

在失去老师后的自主学习中，优质的学习资料就像是一位“好老师”。所以，每一个成年学习者都需要学会寻找真正优质的学习资料——它可能是一本经典图书、一套优质网课、一篇前沿论文……从而以最高效率获得最佳的学习效果。

就像上学时好老师大多集中在名校，有着各种醒目的职称一样，优质的学习资料也会带有一些可以被辨别的特征。只要我们掌握一定的搜索技巧和甄别技巧，就可以在浩瀚的互联网信息中快速找到它们。

学习资料的分类

很多人未必对资料搜索和甄别有经验，但是却对寻找美味佳肴经验丰富，总有办法找到好吃又地道的当地菜馆。其实这两件事之间大有相通之处。大家想想，我们是如何寻找美食的呢？首先，你会明确自己想吃哪种类型：是川菜、湘菜，还是海鲜、寿司？是面食还是米饭？其次，就是搜寻满足需求的就餐地址；最后，从众多餐馆中做出选择。这看起来似乎并不难，像是把大象放到冰箱里的三个步骤：从分类到搜索，再到筛选。这个流程同样适用资料管理。

我们在搜索和甄别学习资料之前，也应该根据一些基本特征对学习资料进行分类，匹配自己不同的学习需求。在我看来，学习资料可以分为三类：

第一类，公共基础类资料。这类资料内容权威、知识全面、架构完整，通常以介绍一个学科的基础知识和学科架构为主，我们在学生时期使用的教材便是公共基础类资料的典型代表。在成人自主学习阶段，当我们需要学习一个领域内体系化的知识时，最需要的便是公共基础类资料。

第二类，场景应用类资料。这类资料的特点是以具体场景内的知识如何运用、如何解决某些场景下的某些问题为主，比如如何使用 Photoshop 软件制作海报或者进行平面设计。同样，识别这类资料的方法也很简单，场景应用类资料的标题中一般都包含两个关键元素："知识+应用场景"或"知识+解决问题"。比如，《餐厅英语口语》《如何使用微信H5制作动画？》等。和公共基础类资料主要以教材、书本的形式存在于学校和图书馆不同，应用类资料主要在网络上以文章的形式出现。

第三类，工具查阅类资料。这类资料以百科全书、字典、工具大全等形式为主，是典型的工具书。每个学科都有大量的知识，没有人可以将其完全掌握，而且从效率的角度出发，我们也没有必要学完某个领域内的所有知识。最好的办法是准备一个百科全书类的查阅工具，每当我们需要确认某个知识点时，去查找相关条目即可。工具查阅类资料的名字中会包含一些关键词，类似"百科全书""辞典""辞海""典""大全"等，比如《心理咨询大百科全书》《卫生学大辞典》等。

"3W1H"搜索法：精准找到学习资料

基本明确所需的资料分类后，我们需要在广阔的知识海洋里精准地找到它们。此时，"搜商"——通过工具获取新知识的能力，成为必需条件。虽然从古代的问路、查地图、翻阅图书资料，到现代的搜索引擎，都是人类搜商的体现，但如何快、精、准地找到学习资料，仍旧是现代人亟待学习和掌握的技巧。

我个人经常使用的搜索法技巧是“3W1H”搜索法。和前文快速找到入门路径的“3W1H”法不同，这里的“3W1H”搜索法虽然同样包括“What、Where、How”和“Which”，但每个步骤所代表的含义却不同。简单地讲，第一步，What，主要是指该搜什么；第二步，Where，主要是指去哪儿搜；第三步，How，指怎么搜；最后是 Which，用于解决选哪个方案的问题。

第一步：What——搜什么？

搜什么，看上去是一个简单到不需要讨论的问题，无外乎是学什么就搜什么，其实不然。“学什么”和“搜什么”是两个概念，我们必须将想要学习的内容细化为一系列的关键词，才能最大限度地快速找到相关资料。

要确定“搜什么”，你至少要问自己两个问题：首先，学完之后用来做什么？你是用来宏观地了解一个学科体系，还是用来解决具体问题？如果是前者，那么我们查找一些公共基础类资料即可；如果是后者，一些场景应用类资料显然更适合我们。确定自己出于何种目的进行学习，可以帮我们初步确认自己需要何种形式的教材和资料。

其次，如何提炼关键词进行搜索？在这个问题上，我们应该多使用作者思维进行搜索，在搜索前停下来想一想“作者会在标题里写什么关键词”及“写资料的人可能会在网络上如何表达这个问题”，而不只是读者思维——“我想要什么样的资料？”

比如，我们想要找到一些提升演讲能力的资料，如果搜“提升演讲能力”很难快速搜到一些质量过硬、实操性强的资料，大部分资料都只会对这个问题泛泛而谈。但如果从作者的视角思考这个问题，假设你手中已有这样一套方法论，将这篇资料发到网上时，你会简单地以“如何提升演讲能力”作为标题吗？恐怕不会，你会想尽办法使标题充满吸引力，比如，你会以自己的成功经验背书，以“演讲能力是怎样炼成的？这里有 4 种亲测有效的方法”为题；你也可能会在标题中加入名人背书，以“跟乔布斯学习如何做一场收放自如的演讲”为题等。如果使用作者思维进行搜索，那么此时我们提炼出的关键词恐怕就会变成“演讲能力　亲测有效”，或是“乔布斯　演讲能力”“演讲能力　收放自如”。

第二步：Where——去哪儿搜？

明确了学习目的、资料类型以及搜索所需的关键词之后，接下来便需要确定：去哪儿搜？所谓“去哪儿搜”，其实分为两种途径。

第一种途径，依靠专业推荐。比如无论在什么情况下进入一个新领域，我们都应该首先尝试向该领域内学有所成的专家、老师或资深人士进行咨询，请他们推荐合适的学习资料，因为向他们咨询比独自研究搜索高效得多。现在是自媒体时代，每个领域的 KOL（Key Opinion Leader，关键意见领袖）大部分都有个人的自媒体展现平台，在我们想要学习的领域中搜索这些 KOL 的博客、微信公众号、微博或专栏，通常都能发现他们对该领域的学习资料做过专业推荐。

另外，一些问答网站、论坛也会包含大量关于某个领域的书单推荐类文章，特别是考试类的学习资料，相应的书单、教程或资料推荐很容易在这些网站中找到。尤其是那些点赞数最高的回答或帖子，往往会给我们带来意想不到的收获。

第二种途径，网络定向搜索。也就是依靠自己的力量在各个网站上自行搜索资料，这个时候决定搜索质量的关键是“搜索渠道”。

虽然如今搜索渠道众多，每个人都可能会有自己钟情的渠道，但如果我们仅仅只会百度一下，或者只会通过一个渠道进行搜索，那么我们很可能会错过很多优秀的内容。根据我自己的检索经验，我倾向于在常用的搜索渠道之外，再匹配一个综合类、一站式解决各类问题的搜索引擎——全渠道搜索（dir.scmor.com）。相对于那些单渠道搜索而言（比如百度、搜狗、必应、雅虎、神马、搜搜、有道等），其侧重的资源不同，检索出的信息也不尽相同。我们不能在每次搜索信息时都大费周章地打开各个搜索引擎检索一遍，而全渠道搜索可以有效解决这个难题。

集合了网页、学术、新闻、百科、翻译、商品、文库七大类的全渠道搜索，可以让我们无需切换、方便快捷地实现多渠道搜索。其“网页”搜索界面，支持百度、必应搜索；其“学术”界面，支持百度学术、知网搜索；“新闻”界面，支持百度新闻、今日头条、微信搜索、微博搜索；“百科”界面，除了百度百科、经管百科之外，该网站内还可以直接进行知乎搜索，比如搜索“谈判王咏”，就能找到我在知乎上回答的关于谈判的所有内容；“翻译”界面，不仅涵盖了百度翻译、谷歌翻译和有道词典，还支持英英搜索；“商品”界面，直接连接了天猫、京东、亚马逊、当当，方便大家直接购入专业书籍；“文库”界面，则支持百度文库、豆丁、道客巴巴和360doc等网站，方便检索和下载优质资料。

“全渠道搜索”就像一个搜索发射器，我们不用反复打开其他搜索渠道，轻轻松松便可实现一站式全方位检索，解决大部分搜索渠道问题。

第三步：How——怎么搜？

定位好搜索渠道后，我们需要使用电脑最容易理解的语言，精准快速地搜索到学习资料。电脑最容易理解的恐怕就是程序员的语言了，我个人经常会根据不同的搜索场景，使用以下三种不同的程序员语言进行精准搜索：

以心理学学习为例，假设我的学习目标是了解心理学的基本历史和学科架构，显然一些公共基础类的教材或书籍会更适合。那么，对于这类资料，我会以“心理学　书籍”作为搜索关键词。

但是，在搜索框中键入搜索语言时，我可能还会遇到三个场景：

第一种场景：我要增加新的要求。假如我需要的是英文版心理学书籍，这时，我可以使用英文字符“+”，将搜索指令变成“心理学书籍 + 英文”，此时搜索出来的网页标题便会包含“心理学书籍”和“英文”两个关键词，它只有直接搜索“英文的心理学书”检索结果数量的 40%，被排除的 60% 就是没有兼具两个关键词的选项。

第二种场景：我要排除一些要素。假如我需要的是高阶心理学书籍，而非入门级的书籍，这时，我可以用字符“–”，将搜索指令变成“心理学书 – 入门”——需要特别注意的是，运用减号字符时一定要在减号前空一格。这样检索出来的网页标题便是含有“心理学书”却没有“入门”这个关键词的结果，它只有直接搜索“心理学书”检索数量的 13%，所有入门级别的书籍都被排除了。

第三种场景：我需要一字不差地搜索。比如我要一字不差地搜索“心理学的主要理论”，如果我们直接输入“心理学的主要理论”进行搜索，结果显示有 8000 万条，而且其中很多标题都只有“心理学”三个字而已。这时我可以运用英文符号“ ”，即在我们搜索指令外增加一个英文双引号——“心理学的主要理论”，这样可以使得搜索结果马上减少到 3 万多条，只有之前的 1‰ 不到，而且每个结果都会一字不差地包含“心理学的主要理论”。

第四步：Which——哪个好？

通过以上三个步骤的定位和聚焦以后，我们搜索到的结果仍旧有可能包含了大量非必要的资料。在这个信息大爆炸的时代，我们实际所需永远没有眼前呈现出的选项那么多。对于公共基础类资料，学习 1~2 本已经足够；对于场景应用类资料，我们也不需要追求越多越好，只要尽可能找到与自己案例场景相似的资料进行学习即可；对于工具查阅类资料，很多时候拥有一本便可以满足我们日常所需。

面对搜索结果仍旧大于实际所需的情况，我们必须学会对资料进行初步速读、判别、筛选，甚至重新调整搜集方向。在这些动作中，判断是最为重要的能力，要决定哪些信息是优质的，哪些是需要舍弃的，这是对搜集者经验、毅力、知识的全方位考验。我通常喜欢用“三个筛选口诀”来进行初步判断：

1. 出版物看评价。只要是公开的出版物，我们都可以从三个角度来评估它的质量。首先，可以在专业评价网站查看评分；其次，可以看出版物的再版数量，再版数量越高，出版物的质量越高；再次，可以浏览相关领域的专业论坛，相关帖子众多且评价不错的出版物肯定不错；如果相关帖子很少且评价不好，那么此书的质量通常比较一般。

我在学习心理学时，曾在众多搜索结果中看到《这才是心理学》一书，这是心理学的入门书籍，豆瓣评分较高且参与评分的人较多——1433 人评分 8.9 分；再看再版数量——目前该书已经出到第 10 版，这证明该书的销量和质量一定不错；最后看专业论坛——知乎和不少心理学论坛上都有不少帖子大力推荐将该书作为入门必备书。综合以上标准，我基本可以确定它是一本不错的入门书。

2. 视音频看流量。互联网时代，各个网络平台涌现了很多质量上乘的免费视频、音频资料和付费课程。筛选这种学习资料的最好方式便是看流量，包括在视频网站的播放量、该视频的销售量等。一般播放量和销售量都不错的视频、音频及付费课程，其内容质量也相应较高。

比如，B 站上有 9 集“［Pr 教程］0 基础急速上手视频制作”的系列课程，有高达 520 万的播放量，12.9 万的点赞，47.2 万的收藏。那么它对那些希望学习 Pr 剪辑软件的人来说肯定会是不错的选择。

3. 图文类看质感。当遇到那些既没有出版也没有下载量，但是篇幅惊人的图文资料，且这些资料乍看之下和自己的需求非常匹配时，我们往往没有时间认真读完一遍再来判断质量，从而可能会将其放入收藏夹，造成资料冗余。实际上，对于这类图文资料，我们也有初步判断其质量高低的方法，比如先看其质感——作为一份高质量的图文资料，作者往往会用心地进行排版和配图，甚至像一本书一样排版整齐、精美；反之，如果排版混乱、图文不符，那么这份资料的质量往往也经不起考验。

以我们在百度文库中搜索“公务员考试常识汇总”为例，那些排版精美、赏心悦目的文档，其质量一般也不错；而另外一些字体混乱、行距不一的文档，其内容也大多未经精心整理，质量有待提高。

获取优质的学习资料，是成年人自学过程中的第一步。就好比烹饪一样，只有具备优质的原材料，我们才能烹饪出美食，否则只能有损健康。正因如此，在知识爆炸和信息过载的现代社会，“搜商”已成为一个成年人亟待学习的能力。我们需要哪些资料？哪些知识要精熟？哪些知识要了解？哪些知识去哪里搜索？这些都是值得认真探索的问题。

艾略特百年前在《岩石》一诗中说：“Where is the wisdom we have lost in knowledge? Where is the knowledge we have lost in information?”（我们在知识中失去的智慧在哪里？我们在信息中失去的知识在哪里？）换一种方式表述即是：“不要往大脑中随意填充信息，否则我们会失去知识；不要往大脑中随意填充知识，否则我们会失去智慧。”我认为这句话是对这一节内容价值的最好总结。

第三节 掌握快速阅读的技巧

村上春树在他的新书《假如真有时光机》中写道："飞抵哥本哈根大约需要十个半小时，从那里到雷克雅未克（冰岛首都）还得再飞将近三个小时，加起来是一次相当漫长的旅行，我在旅途中读完了四本书。"

十三个半小时的飞行，除去中途转机和片刻休息时间，村上春树能读完四本书，算下来他差不多平均 3 小时便可读完一本书。那么你呢？你读一本书需要多长时间？一周？一个月？还是更长？按照你的速度，一年可以读几本书？会超过 10 本吗？

第十六次全国国民阅读调查结果显示，2018 年我国成年人人均纸质图书阅读量仅为 4.67 本，村上春树一趟飞行的阅读量几乎就可以赶上这个数据；而世界人均阅读量第一的以色列，其成年人的人均纸质图书阅读量更是多达 60 本。在我看来，造成这些差距的原因除了我国国民读书意识不强之外，还在于我们从小就缺少快速阅读的训练。

三个错误的阅读认知

心理学上有一个概念叫作“心理盲点”，是指我们视而不见、考虑不周的东西，这些盲点的存在一定程度上会导致我们产生错误的认知和行为。事实上，对于读书这件事，阅读速度缓慢归根结底也是因为我们存在关于读书的心理盲点，也就是对读书的认识欠妥。以下是三个普遍存在的错误阅读认知：

第一，阅读理念要么没有“包袱”，要么“包袱”太重。读书没有“包袱”，即没有明确的阅读目的。假如你今天有时间，便拿起一本书翻阅，完全不在意内容是什么，也不在意自己应该从这次阅读中取得什么收获，纯粹是为了读书而读书。那么这种阅读状态就像驾着一叶小舟，漫无目的地漂泊在茫茫大海上，漂到哪儿算哪儿。看似你每天花了不少时间，但真实的阅读效果却差强人意，经常读着读着，思绪便飘到了九霄云外，不知书中所云，以至于读到最后一行，又完全忘了前面的内容，于是只好返回阅读，周而复始，读书的速度自然快不起来。

读书“包袱”太重，即阅读是为了记住更多的内容。许多人认为阅读就是把书的全部内容装进脑子里，因此在阅读时总是想着将内容全部复制下来。但如果阅读的目的仅仅是记住一本书的内容，那么阅读就很可能会变成一件最没有意义的事情。

回顾我们的阅读经历，那些曾深深打动你、给你带来巨大影响的书，你真的牢牢记住了书中的大部分内容吗？恐怕没有。能够给你留下深刻记忆、对你产生重大影响的，往往只是其中的一两个知识点，甚至是一两个片段、一两句话。更常见的情况是，你读完之后都想不起来这本书具体写了什么，只记得“这是一本好书”。

我们要从“仔细阅读”的束缚中解脱出来。因为无论你再怎么仔细阅读，大部分内容在将来还是会被你遗忘。法国作家达尼埃尔·佩纳克提到过“读者权利十条”，其中第三条就是“读者在读书的时候，有不读完的权利”。你只需重点掌握每本书的精华，或者有价值的部分即可。阅读的真正意义，并不在于“百分百复制”原文，而是“邂逅 1% 的收获”。

第二，阅读方法习惯“从头到尾，逐字逐句”。“从头到尾，逐字逐句”地读，是我们从小就被长辈和学校教导的阅读方法，以至于当我们拿到一本书，习惯性地就从第一页看到最后一页。所以很多人对于“怎样算看完一本书”这个问题的回答是“从第一页详细地看到最后一页”。实际上，逐字阅读是速度最慢的阅读方法。

因为根据人眼的结构，要想看清一个物体，我们的视线必须停止跳跃，停留在某一点上，然后像照相机一样调整焦距，直至生成清晰的图像。当我们逐字阅读的时候，需要视线在每个字上停留、聚焦，浪费大量时间。

逐字阅读的人往往还有默读的习惯，回忆自己的阅读经历，即使嘴巴没有发出声音，大脑里也会有一个声音无意识地把它读出来。这是大部分人的通病，阅读路线往往是由视觉中心传至说话中心，经发音器官发出声音传至听觉中心，再由听觉中心传到阅读中心，最后才开始理解文字意义。这个过程太曲折迂回，费时又费力。

逐字阅读除了让我们的阅读速度变慢，还会分散我们的阅读注意力，导致"读不进去"。诺贝尔医学奖获得者、美国神经生理学家罗杰·斯佩里教授的研究成果表明，我们大脑每秒钟有意识处理的信息量是 126 个神经比特，逐字阅读时，大脑每秒钟差不多只处理 40 个神经比特的信息，这样会造成大脑的大量空闲。但是，大脑是个非常勤奋的计算机，一旦空下来就会去处理其他信息。当你逐字阅读的时候，大脑运转的速度太慢了，它很容易闲下来，然后就不可避免地开始分心、走神，而这些分散注意力的行为又会再一次阻碍你的阅读进度。读得越慢，越读不下去；越读不下去，读得越慢，由此形成恶性循环。

所以，我们不建议逐字阅读和默读，而是要培养"眼脑直映"的快速阅读方式，由眼睛识别完文字后，直接把信息传到大脑的理解中心。它的速度很快，需要眼睛每次停留时捕捉更多的信息，减少对焦次数。

第三，阅读层次太低，没有深度阅读。基础阅读只能让我们简单地了解文字意思；深度阅读需要体会概念背后的原理，不断提高视角以及看问题的能力。

比如同样是阅读《追风筝的人》这本书，只能做到基础阅读的小学生，读完会兴高采烈地跟你讲："书中有两个少年，哈桑和阿米尔，他们小时候在一起玩，他们放风筝了，玩得很高兴；然后关系又变差了，他们就不在一起了……"而读完这本书的成年人可能会进一步思考："是什么造成了两个人最后这种结局？"他们会考虑到历史、宗教的关系，会分析人性的弱点，感受作者写书时的心境；他们还会结合自己的经历，进行一系列的思考。这就是深度阅读。只有做到了深度阅读，才能真正沉浸到作者的世界，与作者产生共鸣。从长期来看，如果你经常进行深度阅读，你的思考会变得更深刻，你对这个世界会有更多自己的观点，这样也会改变你对其他书籍的阅读速度和理解深度。

"因概尾扫切"五步阅读法，快速读透一本书

改变我们对于阅读行为的认识，调整阅读的方法，加深阅读的层次，就可以控制自己的阅读速度。最重要的是，改变以上问题之后，阅读会变成一件轻松愉快的事情。在我看来，想要快速

读透一本书，我们可以利用“因概尾扫切”的五步阅读法，掌握一个理想的阅读节奏。

因：先确认展开一次阅读的原因和目的。在阅读之初，我们需要明确这两个问题：为什么要阅读？想通过本次阅读获取哪方面的知识？我认为所有人在开始一次阅读前，都最好能够有意识地向自己提出这两个问题。

比如我在写作本书时，曾经读过《科学学习》这本书。在阅读之前，我首先思考了两类问题：第一，我希望通过阅读这本书了解哪些学习方法？我目前遇到的阅读问题是什么？是读完之后不理解其内容，还是没时间阅读？或者是对阅读本身不感兴趣？在这些问题中，哪些是主要问题，需要重点解决，哪些问题可以等以后解决？另外，阅读这本书能否帮我解决这些主要问题？思考这一系列问题，就是帮我确定阅读目的的过程。有了目的，才能在阅读中提高效率。

概：试着用五分钟概括全书内容。通过浏览目录、序言，了解书的结构，明确哪些内容值得细读，哪些内容可以略过。还是以我个人阅读《科学学习》为例。拿到这本书，我首先浏览了一遍目录，发现目录是按英文字母 A 到 Z 的顺序分成了 26 个章节，而且每一个章节都在解决一个具体的学习问题，每一章节的结构在序言里也都有介绍。

比如，“反馈”的英文单词“feedback”的首字母是“F”，“反馈”一章便是“F”章；而“想象玩耍”一章是“I”章，因为“想象玩耍”翻译成英文是“imaginative play”……

了解完这些，你就可以对应自己的实际需求，圈出有用的章节。比如，我想研究问题驱动学习法，我便在“Q”章“为求知创造一个理由”处标注星号，提醒自己重点关注；但我不存在记忆力方面的问题，那么记忆力的章节就可以直接略过。

尾：从结尾、结论部分开始读。因为结论往往是全书最精华的部分，作者的一系列分析、解释、举例，都是为了得出一个结论。因此，先阅读结论，可以帮助我们提前知道作者的思路和观点，减少阅读的难度。另外，先阅读结论，也能让我们产生更大的兴趣去探求为什么会有这样一个结论。当然，文学类、故事类书籍，比如小说，就不需要先看结尾。

扫：“扫读”正文，标注重点。扫读时，我们需要牢记“眼脑直映”的原理，避免逐字阅读，尽可能扩大眼睛停留的视野范围，使用数行扫读、数段扫读，甚至整页扫读的方式，看到更多文字，快速将整个章节扫读一遍，大致了解书中内容，同时标注出重点。标注的目的是方便我们在第二次精读时可以快速找到这些内容。标注完成后即可往下继续扫读，切忌长时间停留在某一处内容上，以免又变回慢速阅读的方式。

在扫读过程中需要标注哪些内容？我个人的建议是：那些延伸性强、价值高、初次阅读无法理解的内容更加值得关注。实践证明，当我们用荧光笔标记一些东西时，无论是初次阅读还是以后精读，我们的眼睛都会自然而然地更加留意这些内容。

切：切入重点，深度阅读。对“扫读”时标注的重点，要进行二次精读，做到深度阅读。深度阅读是一个探求“冰山”的过程。每一个概念的背后，都有一个庞大的、不可见的知识体系在支撑。所以要想探求到冰山下面的内容，就必须学会建立联系、延伸思考、追根溯源。

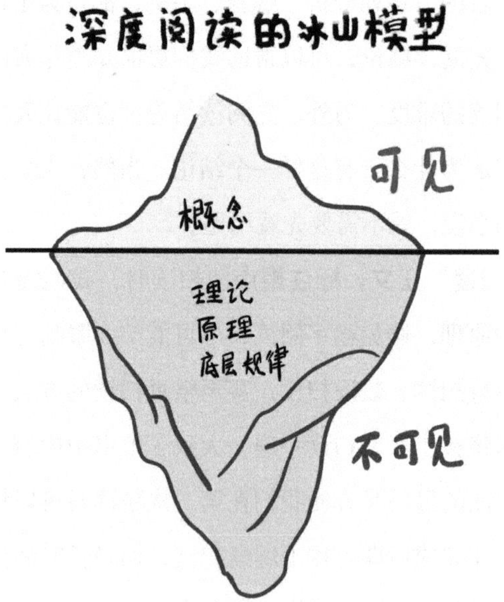

在阅读《科学学习》这本书时，我读到了一个“激动兴奋原理”，意思是当人的兴奋感被激发后，学习效果会更好。于是我

开始思考，为什么兴奋和学习之间有这么大的关系，这背后一定有一些生物学方面的原理。书中还简单提到了肾上腺素的作用，但阐述得不够详细，我又重新找了几本其他相关书籍认真研究，发现大脑有着极其复杂的运行机制，很多学习上的行为，在生物学角度都有非常科学的依据。这个二次学习的过程，帮助我更新了以前的一些表面认知，深化了自己的知识体系。

阅读的重要性不言而喻，国际阅读学会在一份报告中指出，阅读能力的高低直接影响到一个国家和民族的未来。阅读能力是一个总括性的概念，而快速阅读能力便是其中的基础能力。如果能够尽可能缩短阅读一本书所用的时间，便可以在有限的时间里进行更广、更深的阅读，因此世界上越来越多的国家开始注重对公民阅读速度的培训工作。快速阅读能力的确是一种可以在短期内经过训练而提高的能力，本书介绍的“因概尾扫切”五步阅读法经过大量实践，已被证明行之有效，也许可以给诸位读者一些快速阅读的启示和训练。

第四节 保持长期记忆的秘密

很多成年人经常会有类似的感慨：年纪渐长之后，记忆力越来越差，好不容易静下心来看书学习，但学过的东西马上就忘，久而久之自己也丧失了学习的积极性。

那么，年纪渐长真的会导致记忆力衰退吗？事实并非如此。很多科学研究都向我们证明了这一点：记忆力衰退并不是伴随年龄增长而必然出现的现象。只要排除一些影响记忆力的疾病，比如阿尔茨海默病，一个人的语言和工作记忆不会随着年龄增长而下降，这些功能在人的一生中基本是保持稳定的。实践证明，85岁的人仍能拥有清晰的思维和良好的记忆力。

为什么会学完就忘？

如果不是年龄增长导致记忆力出现了问题，那么是什么原因导致我们总是学完就忘呢？

要找到善忘的原因，我们需要先明白什么是“记忆”。认知心理学认为，记忆是一个信息加工过程，这个过程实际上分为三个阶段：编码（信息存入记忆），储存（在头脑中保存信息）和提取（准确回忆信息）。

如果把大脑比作一个图书馆，记忆的过程类似图书管理员按照编码将图书上架到相应位置，有人来借书时，他能根据编码找到书的位置，将其从相应位置取出来。先对信息进行加工分类，再储存信息，最后提取信息，这就是记忆的完整过程。

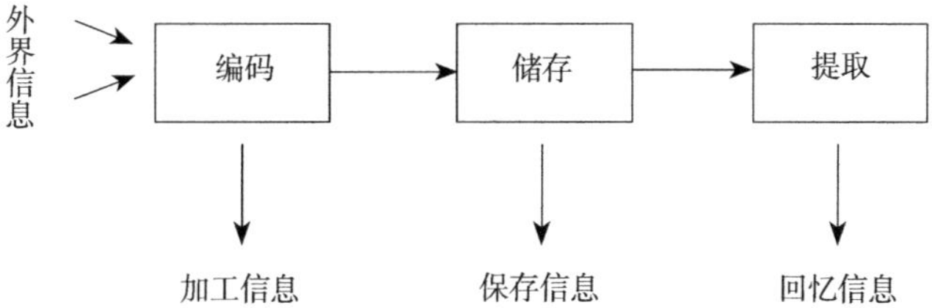

编码是记忆的关键。信息被加工的水平越深，它存入记忆的可能性就越大。我们在学习中对信息进行加工的常见方式有两种：第一种是机械复述，比如在学生时代，我们总是依靠一遍又一遍的背诵去记住一个知识点。第二种是深度思考，并将其与已知知识融会贯通。与越多的知识联结，就会有越多的线索帮助我们记忆和理解新的知识。

在认知心理学看来，如果一段信息对我们有意义（经过深度加工），那么这段有意义的信息被我们记住的概率将会是无意义信息（简单复述）的 10 倍。显然，从这个角度看，导致学完就忘的一个很重要的原因便是我们花费了太多时间去学习或背诵，却很少花费时间去加工。

除此之外，我们对信息的储存和提取强度同样会对记忆产生影响。怎样理解储存强度和提取强度呢？最简单的解释是：一个信息在你的大脑里储存的时间越长，那么它的储存强度就越大。一个信息在当下越容易被你想起来，那么它的提取强度就越大。

举个例子，我们去外地出差，每次办完事情回到酒店，很容易想起自己的房间号。“很容易”想起一个信息，就说明这个信息的提取强度很高，我们很容易从大脑中提取到它。

但是，当我们离开这个城市之后，酒店房间号不再有被记住的必要，过不了多久，这个房间号码便会被我们遗忘。在我们用得上它的时候，酒店房间号这个信息很容易被记住，它的提取强度很高，但是因为它很难长时间被储存在我们的大脑里，因此它的储存强度很低。

再比如，我们经常会在谈到一个久未联系的小学同学时，一下子想不起来他的名字，此时，这个信息的提取强度很低。但如果有人能稍作提醒，那么我们不仅能立刻想起这位小学同学的名字，还能想起他的长相、性格，甚至是这个人身上曾经发生过的事情。小学同学的信息能够在我们的大脑里储存很久时间，它的储存强度很高。

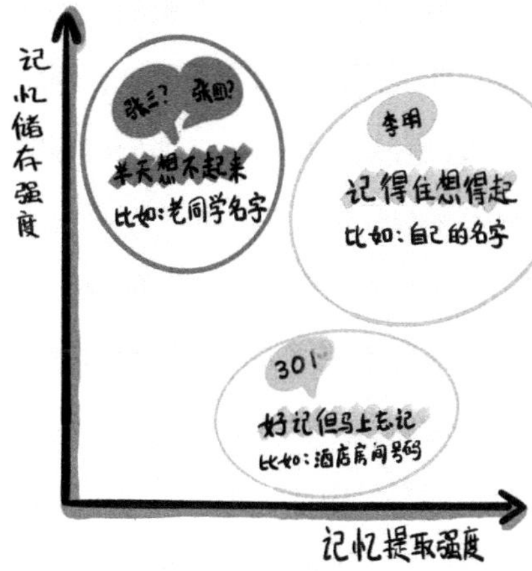

认知科学研究发现，提取强度和储存强度之间经常会呈现出一种负相关的状态。换句话说，如果我们总是要求自己在当下必须记住一个信息（提取强度高），它反而会很快被大脑释放出来（储存强度低），因为我们的大脑总是需要留出空间去记住更多新的信息。反之，如果我们在存入信息时能够制造一些必要难度（提取强度低），则会帮助我们更长时间记住这个信息（储存强度高）。这个超出多数人常识的结论，被认知科学称为“必要难度原理”。

很多人的学习习惯是一边读书一边记笔记，但是必要难度原理建议我们不要这么做。因为一边阅读一边记笔记，会让我们记得太容易，但是大脑那块硬盘未来则不易提取信息，过些日子，这些内容反而会很容易被遗忘。

反之，如果我们能够略微增加一下做笔记的难度，比如等到第二天再依靠回忆将昨天阅读的内容写下来，遇到想不起来的内容，重新对照书本查漏补缺，那么，这部分内容的储存强度会更高，未来反而会更容易被提取。

现在，我们再回头思考“学完就忘”的原因，应该很容易找到答案。除了对信息加工不够之外，如果我们过于依赖一次性记住某些信息，而不是对信息进行及时的复习巩固，那么这些被记住过的信息仍然会被遗忘。因此，成年人大可不必担心“学完就忘”的问题，“学完就忘”其实是一个正常的记忆过程，遗忘反而是学习开始的契机，这是大脑在提醒我们：我们忽视了信息编码（深度加工）和信息储存（间隔复习）。

形成长期记忆的关键

那么，我们应该怎么做呢？我个人曾尝试以下两种方法来练习信息编码和储存。

第一，运用 50/50 原则，进行高效编码。即一半时间用来学习，一半时间用来分享我学到了什么。组织心理学家、沃顿商学院教授亚当·格兰特曾说：“学习某样东西最好的方法就是教它——不仅仅是因为解释它能帮助你理解，还因为这种检索可以帮助你记住它。”

在学生时代的学习过程中，我们往往更强调输入，但是从长期来看，学习最终应该归结到一件事：将新获得的信息与已有的知识进行联系，并且在重要的时刻能够应用到我们学到的东西。用 50% 的时间精力进行输入，同时用 50% 的时间精力复习和对别人进行解释，其实就是在学习的过程中增加输出，将新获得的信息与原有的知识做一个合并链接，增加信息在我们记忆中编码的背景线索（联系），从而使其在以后需要的时候更容易被提取。

我个人在阅读中经常践行“50/50 规则”。每当阅读一本书的时候，我通常很少一次性看完，而是习惯先阅读这本书 50% 的内容，并试着回忆、写下我在继续阅读之前学到的关键内容，或者与我的家人朋友分享这些新的思想，这种习惯让我受益很大。

虽然被动地阅读一本书是个相对轻松的过程，但是让文字像洗热水澡一样冲刷在身上，并不会让我们处于最佳状态，因为对知识输出不深入一定会导致理解不充分。而合上书之后，写一个摘要，能迫使我们找出所学内容与原有知识的接触点，组织这些内容并将其分享给别人，获得新的反馈，也能让所学内容产生与原有知识更多的接触点，这个过程会使我们所学的东西更加牢固地储存在头脑中。

第二，制造测试效应，长期储存信息，即学习前后对自己进行多次主动测试。关于测试对记忆效果的影响，认知心理学教授鲁迪格和卡尔皮克曾经做过两个实验。

第一个实验是“学前测试实验”。参加实验的人被分成两组，共同学习一些组合在一起的词语，比如“鲸鱼和哺乳动物”。第一组的人直接学；第二组的人先看到组合中的一个词，然后猜另一个词是什么，最后才看到整个词语组合。研究表明，边猜边学的人的记忆效果普遍比直接学的人更好，因为人类大脑记忆的效果与记忆时付出的努力成正比，记忆时越费力，越困难，形成的记忆就越牢固。

第二个实验是“学后测试实验”。测试将学生分成两组，第一组反复阅读，一共学习 20 分钟；第二组先学习 5 分钟，然后拿走文章，每人拿一张纸写下所记住的内容，反复进行三次，并且没有人对他们所写内容进行反馈。同样的 20 分钟，第一组学生从头到尾都在学习，第二组学生只有 1/4 的时间在学习，其他时间都在重复测试前 5 分钟所学内容。20 分钟学习之后，又过了 5 分钟，研究人员测试了所有学生对文章内容的记忆力。一个星期后，他们又重新测试了这批学生对文章的记忆力。结果发现，当测试在 5 分钟后进行的时候，重复学习的学生表现更好。但一个星期后的测试，结果却反转了：单纯重复的学生忘了一半以上的内容，但那些重复测试自己的学生，不仅记住的内容更多，遗忘的速度也变慢了。这个实验再次证明：记忆时越费力、越困难，形成的记忆就越长久。

我个人在职场中也常遇到一个记忆难题——记名字。因为工作需要，我经常会参加各种会议，但是参会人员大多只是一面之缘，彼此见过就忘。如何才能更好地记住一些高层和关键人物的名字呢？我曾尝试通过多做几次测试的方法帮助自己记忆。

参加会议之前，我通常能够在网络上公布的参会嘉宾的名单中看到一些高层或者主要人物的名字，一旦遇到不认识的人，我便会对着名字发挥想象。比如，看到“郭丽萍”这个名字，我会想象她是一位中年女士，有一头干练的短发。到了会议现场，见到郭丽萍女士之后，我便马上修正自己之前的想象，比如她的确是位中年女士，但有着一头棕色的卷发……就这样，我会将现场的人物和名单中的名字一一对应。会议结束后，每过一段时间，我还会拿出名单定期进行自我测试，逐个从名字出发给他们进行第二次画像，测试自己是不是还记得这些人的名字，他们分别是什么职位、长什么样子、有什么样的特点？通过这种方式，下一次在活动中与他们再见面的时候，我基本都能够非常准确地称呼他们。

这种自我测试的学习方法，本质上是对记忆间隔性地进行提取练习，大脑要从记忆中提取已经见过的人、特点、名字、职位等任何东西，所要付出的努力远比直接背诵或者重读一遍要多得多，而这份额外的努力则加强了这些记忆的储存能力。

所以，记忆不等于将知识强行灌入脑中，而是要让当事人亲自参与学习过程。要想真正记住某个知识，仅仅是被动接受远远不够，必须要通过主动吸收和推理，赋予知识以结构和意义，反复练习和使用，才能实现知识的真正“私有化”，也就是所谓的“记得住”，这也是学习记忆的总原则。在我看来，除此之外，任何追求记忆捷径的方法都是“镜花水月”。

第五节 培养两种深度思考的习惯

在这个高速发展、所有人都在强调快速学习的时代，我经常会在面试员工时听到应聘者在介绍自己的优势时这样说："我最大的优势是能够快速学习，面对各种工作情况能够做出最快反应。"

与此相对，在与团队一起解决公司各类难题时，我常对年轻下属叮嘱的一句话却是："一定要深度思考！深度思考比快速反应更重要！"

美国心理学家丹尼尔·卡尼曼在其著作《思考，快与慢》中将人类的思考模式拆分为快思考和慢思考两个系统。快思考是依赖直觉、无意识的思考系统，其特点是出自本能、反应快，但经常出错；慢思考则是需要我们主动控制、有意识进行的思考系统，其特点是出于理性、速度慢，但思考质量、决策质量都更高。

所以，从人类大脑的决策机制来看，备受推崇的“快速反应”虽然听起来很靠谱，但如果回到实际工作中，一旦下属总是行动迅速，对领导交代的事情立即执行，却从来不仔细思考一下“为什么要做这件事？”“有没有其他更好的方法？”，那么大部分领导恐怕并不会觉得他们优秀，因为行动上的勤奋有时正是因为缺乏深度思考。

“思考”与“深度思考”的区别

在我们一起踏上这趟“深度思考之旅”前，我希望大家先认真想一想，什么是“深度思考”？“思考”与“深度思考”之间到底有何区别？

我们每天都在不停地思考。例如，当听到远处传来一声巨响时，我们会想：“是不是哪里发生了什么事故？”上班路上发现导航显示某个路段非常拥堵时，我们会想：“我可能要迟到了。”“莫名的一声巨响＝发生事故”“道路拥堵＝上班晚点”，这些思考的本质都是将眼前的事物与我们心中已经存在的某个概念对应起来。通常情况下，这种思考习惯都是丹尼尔·卡尼曼所说的快思考系统发挥作用，它很难使我们产生新的想法。将新的情况与已知的答案、过去的经验进行匹配，并不算真正意义上的深度思考。

深度思考是对慢思考系统的有意调用，它使我们在遇到未知事物时在头脑中反复思考“是什么”“为什么”“这样对吗”“还有更好的应对方式吗”……你可以从各个角度进行观察和思考，一边寻找它与已知内容的联系，一边尝试看看有没有新的发现。这个过程虽然很花费时间，但结果很可能是你发现了一种全新未知的事物。我将这种从未知中关联已知的过程解释为“思考”，将从未知中发现未知的过程解释为“深度思考”。换言之，“深度思考”就是一种在不省略思维过程的前提下充分探索，从而推导出属于自己的新发现的行为。

例如，人工智能（AI）问世时，很多人将它定义为“计算机加大数据”，认为 AI 就是计算机根据大数据做出各种决策，因为计算机和大数据已经广为熟知。但是能够进行深度思考的人除了会寻找人工智能和自己心中已知内容的共同点之外，还会努力寻找新的发现。他们会思考：“为什么计算机加上大数据会让人类产生被机器取代的恐惧？人工智能是不是还有其他让人类害怕的能力？”为了找到问题的答案，他们会向专业人士请教、阅读专业杂志，甚至购买 AI 产品实际体验……经过这样的思考和研究过程之后，他们很可能会发现人工智能只在人脑芯片、深度学习算法这些催化剂都齐备的情况下才会对人类产生一定威胁，这样，他们对人工智能的理解就远远超过了大部分人。

两种习惯阻碍我们深度思考

潜入思维的最深处，思考之后再思考，是最应该勤加练习的事。但在现实生活中，我们往往会受限于以下两种错误的思维习惯，从而一次次错失对深度思考进行训练。

思维习惯一：满足于过去的思维定式。毫无疑问，深度思考非常耗时耗力。通常情况下，我们的大脑为了减少工作量，经常会不自觉地满足于过去的思维定式。

满足于过去的思维定式，包含两层意思：第一层是满足于普通解。在这一点上，我们最典型的表现往往是这样：当我们遇到新知识、新任务、新难题时，大脑总是习惯性偷懒，使我们理解和应对这个问题的方式始终停留在过去的认知和解决方式上，如："这个问题以前是怎么解决的？其他人是怎么处理的？"借鉴他人套路、套用过去经验的做法固然不容易出错，但也在本质上固化了思维，让我们因循守旧，难以创造性解决问题，其效果也定然不够理想。

第二层是习惯性防卫。作为一种十分常见的心理学现象，习惯性防卫是指当一个人感觉到自己的观点或认知受到挑战时，第一反应不是思考"真相是什么"或"这个挑战是否合理"，而是立即习惯性认为："他竟然敢和我的观点不一样，跟他干！"从而立即开始反驳。

思维习惯二：情绪化思考，即遇到事情先动情绪，不动脑子，不动逻辑。习惯情绪化思考的人很容易被别人煽动，得出一些表面结论，或是得出别人希望自己得出的结论。

我们每天都会在网上看到各种带有情绪煽动性的文章，它们会把社会问题归咎成人性险恶、贫富差距、道德沦丧……这些观点往往很有煽动性，很容易构成心智未成熟人群的世界观，导致他们思考时会选择用最情绪化的方式去猜测和理解这个社会。

所以，如果我们从一篇文章或者一本书上感受到的更多是愤慨、激动、焦虑、兴奋等情绪，而非数据分析、客观梳理时，就要留心思考一下：作者的观点是否站得住脚？作者是否在故意煽动读者情绪？同时更要提醒自己，一旦沉浸在某种情绪之中，我们的思考力和判断力就必然会被大大削弱。

培养两种深度思考习惯

你在学习上能达到什么程度，跟你付出的精力呈正相关。换句话说，你花费多少心力，便会收获多少效果。很多时候，若放纵自己在思考上一直处于较舒服的状态，或总是跟着习惯走，大脑的思考能力就会像一块无法得到锻炼的肌肉一样松垮无力。要想使这块“肌肉”结实有力，你必须时常进行绿灯思维和逆向思维的思维训练。

绿灯思维：把“我”和“我的观点、我的行为”区分开

绿灯思维是相对于红灯思维而言的。具有红灯思维的人，遇到不同观点时的第一反应是习惯性防卫，他们不愿意接受新事物，很容易出现负面抵触情绪，成长速度通常很慢。而具有绿灯思维的人，遇到不同观点时的第一反应便是认为新观点一定有用，他们以开放的心态去对待新观点、新事物，并将它作为自己成长和提升的机会，从而进步非常快。

如何培养绿灯思维呢？我个人很喜欢成甲在《好好学习》这本书中提出的一个方法：把“我”和“我的观点、我的行为”区分开。换句话说，当我们遇到不同的观点时，不要把它理解成对我们本人的挑战和否定。

举个例子，如果有人对我说：“你的项目做得太烂了！”假设我的第一反应是他在针对我、指责我，然后马上情绪失控地骂回去：“你的项目做得才烂！”这就是典型的把别人对“我的观点、我的行为”的质疑，理解成了对我这个人的质疑，此时我采用的便是红灯思维。

但是，如果我能区分出“别人指责的是我做的这个项目，而不是我这个人”，我的第一反应便会是思考“这个项目到底做得好不好？哪里做得不好？如何改进？”这时我就是在思维上亮起了绿灯，因为我能积极接受不同观点、不同意见，把别人的意见当作自己获得启发和成长的机会，从而促进自我提升。

乔布斯曾经说过："我特别喜欢和聪明人在一起工作，因为和他们在一起工作最大的好处是不用考虑他们的尊严。"聪明人不是没有尊严，而是他们能在工作中区分"我"和"我的观点"，遇到不同声音能够客观地看待别人提出的意见。

逆向思维：往前思考这个大前提对吗？

绿灯思维，只是迈出了消除思维定式、克服情绪化反应的第一步。若要提升自己的思考深度，还要具备逆向思维。简单讲，逆向思维就是不要一味跟着别人的观点走，在认可一个观点和行为之前，你要试着去分析：产生这个观点和行为的大前提有没有错？

例如，古代的人类认为神是主导一切的存在，所以一旦发生自然灾害，他们便会认为这是神在惩罚自己。因此，为了免除自然灾害，人们必须进行祭祀。“人们相信神是主导一切的存在”便是“我们必须祭祀”的大前提。但是，如果我们往前分析，重新对这个所谓的大前提进行思考，甚至是提出质疑和校正，就像现代人不再相信神存在一样，那么自然灾害再次出现的时候，我们自然不会认为是神在惩罚人类，也不会再用祭祀的方式解决这个问题。

逆向思维的意义在于，想要真正了解事情的真相，找到根本问题，我们就不能像录音机一样，一按按钮就机械性地往下播放，也不能不假思索地根据看到的内容去思考。相反，我们应该逆向地想一想：“这个大前提是正确的吗？对方提出这个观点的依据是正确的吗？”有了这个逆向思维意识，我们才更有可能在普通的观点之外产生新的发现。

面对这个持续变化的混沌世界，大脑对快思考的偏爱常常使我们沉浸在“不用动脑”的习惯里——我们习惯不劳而获，习惯付出很小的成本就能收获各种即时反馈，习惯在学习过程中囫囵吞下外界灌输的信息，我们变得越来越迟钝、懒惰、不爱思考，日复一日在原地踏步。

但是，面对这个不进则退的真实世界，我由衷希望每个人都能够从更高的视野、更深的维度去看待自己和周围的一切，试着去违反一下自己的“人性”，拥抱对立的观点，试着怀疑外在的信息，试着做出属于自己的判断，试着从不用动脑的习惯中走出来。因为很大程度上，一个人在现实世界中能走多远，就在于他进行了怎样深度的思考。

第四章

学习创造力：
从被动学习到主动学习

你想要 8 块腹肌，补充一些蛋白质是有帮助的。但如果你只吃蛋白质而不去运动，恐怕就永远没有办法完成目标了。

学习也是如此。很多时候，单纯输入知识并不能使我们具备力量，这种力量必须通过输入和输出的循环交替才能得到锻炼。

第一节 从“知道”到“学到”，再到“做到”

某个清闲的周末，我约了几个朋友喝茶。席间聊到职场现状，其中一个朋友感慨现代职场竞争越来越激烈，稍不留神就会职位不保，被人替代。为了在职场站稳脚跟，持续保持竞争力，他最近一年花了不少钱购买付费课程，报名参加线下培训班，但是学习效果却不尽如人意。聊到这里，在场的其他朋友也纷纷表示深有同感。

为什么大家花了那么多金钱、时间和精力，却总是收效甚微呢？

被动学习的知识留存率低于主动学习

在前面的内容中，我向大家介绍过自己总结的“学习金字塔”模型，它包含做事效能、做人乐趣、自我认知和世界观这4个方向。1969年，美国教育学家艾德格·戴尔也曾以语言学习为例，提出了著名的“学习留存率金字塔”模型（Cone of Learning）。

艾德格·戴尔的“学习留存率金字塔”模型理论认为，人们采用学习方法的差异会大大影响学习内容的平均留存率，从而影响学习效果的好坏。以下是他的实验结果：

如果人们通过听课完成学习，两个星期后，能记住的学习内容只有5%；

如果人们通过读书完成学习，两个星期后，能记住的学习内容只有10%；

如果人们通过看视频完成学习，两个星期后，能记住的学习内容只有20%；

如果人们通过观看别人的演示完成学习，两个星期后，能记住的学习内容有30%；

如果人们通过跟别人讨论完成学习，两个星期后，能记住50%的学习内容；

如果人们通过实践操作完成学习，或者学完后立即实际运用所学内容，两个星期后，能记住75%的学习内容；

如果人们一边教别人一边学习，两个星期后，能记住90%的学习内容。

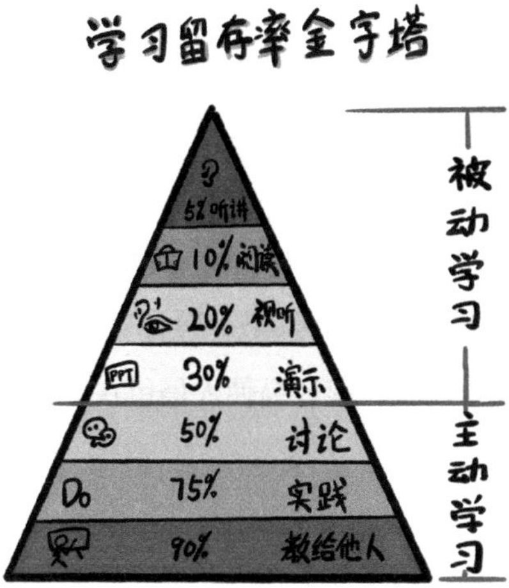

值得一提的是，为了验证这个理论的准确性，美国缅因州国家训练实验室特意做了参照实验，也得出了相同的结论。这个实验结果告诉我们：学习效果在30%以下的几种学习方式最常被我们使用，听课、阅读、观看视频等都属于被动学习；而学习效果在50%以上的几种学习方式——讨论、应用、教学等，则是主动学习。效果孰高孰低，不言而喻。

然而，很多人都有一种误解，似乎只要持续地读书，50本、100本、200本，就能从量变到质变，并使自己忽然变得厉害起来。其实，如果我们一直在低效果的学习层次上进行重复，我们也终将失望地发现：自己“知道”的越来越多，但“学到”的还是乏善可陈，“做到”和“给到”的更是寥寥无几。“knowing the name of something”（知其然）和“knowing something”（知其所以然）不是数量上的差别，而是“被动”和“主动”两种不同的学习思维造成的结果。

不过，在我看来，这个实验结果并非警告我们不要采用学习效果较差的那几种被动式学习方法，毕竟大部分人接触新知识、学习新内容，主要还是依靠读书、听课、观看视频等方式。但我们必须明白，被动学习很容易使人停留在舒适区，满足于仅仅“知道”一些知识。

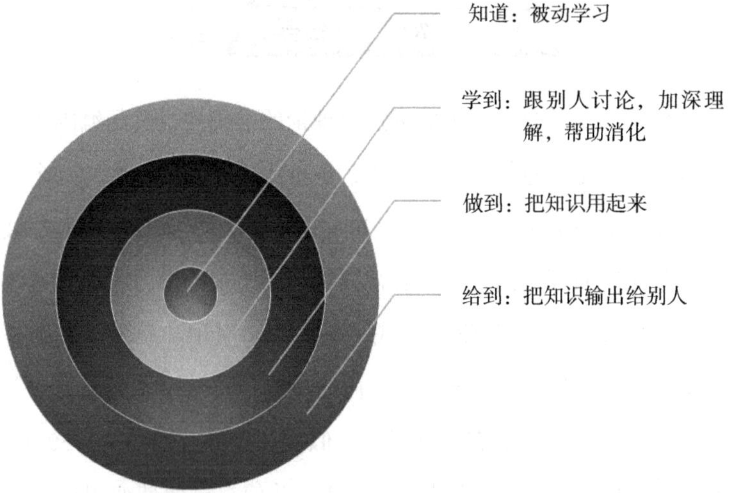

为了将所学知识真正内化为自己的一部分，我们必须要有意识地采用学习效果更好的几种主动学习法，通过跟别人讨论，从闭门造车到寻求反馈，深度消化，变“知道”为“学到”；通过

实践操作，将所学的知识最终都用到事情上去，变“学到”为“做到”；通过教授别人，知其然并知其所以然，向更多人输出知识，变“做到”为“给到”。

从知道到做到，完成学习两级跳

值得庆幸的是，我们并不需要穿过漫长的幽暗隧道才能完成从被动学习到主动学习的跳跃，我们完全可以转变思维，直奔更高效的学习方法。

带着问题讨论，从知道到学到

很多人都有这样的体验：自己闷头苦学好几天也无法解决的问题，跟别人讨论后却突然恍然大悟。俗话说得好：“三个臭皮匠，赛过诸葛亮。”你之所以会有这种感觉，是因为你在跟别人讨论学习内容时，往往可以通过多个视角来理解知识，从而加深对知识的理解，达到深度消化的目的。

那么，跟别人讨论有没有技巧呢？在分享具体的技巧之前，我先分享一个自己的亲身案例。

我儿子今年 4 岁，就读于一所国际私立幼儿园。当初在为孩子选择幼儿园的时候，我也曾在国内私立幼儿园和国际私立幼儿园的两个选项中纠结。但是，当我带着孩子参加了这所幼儿园的一节体验课后，便立即决定报名。

我之所以这么快做出决定，是因为这所国际私立幼儿园的教学方法很有特点。相比国内大多数私立幼儿园采用的“老师讲，学生听”这种传统授课模式，这所国际幼儿园采用的则是讨论式教学。老师上课时会在教室里放置一张椭圆形桌子，她和十来个小朋友围坐在一起。正式上课前，老师会提出一个问题，并要求小朋友们通过观察、咨询、调研等各种方式思考这个问题。课堂上，小朋友们可以自由发表对这个问题的看法，当他们的观点不同时甚至可以展开激烈辩论。老师不会以一个裁判的角色判断对错，也不会强调标准答案，只会在大家表达完自己的看法后稍加补充或引导。

这所国际私立幼儿园采用的正是“带着问题讨论”的教学方法。带着问题讨论的教学方法，看上去很随意，其实对学生和老师都有很高的要求。首先，正式上课前，学生要有充足的时间去观察和调研老师提出的问题；其次，带着问题讨论的教学方法还要求学生具备一定的学习兴趣，具有自主学习和自我管理的能力，否则同学之间的讨论只会停留在问题表面，无法达到更深层次的交流与探讨；最后，老师在提问和点评的时候，既要有技巧，又不能说得太多，否则学生就会丧失主动思考的积极性。

其实，这种带着问题讨论的教学方法对成人学习也同样适用。但是，为了保证学习效果，在和别人讨论时，我们需要注意以下几点：

第一，学习的目的最好是为了深度了解一个具体问题。我们可以首先找到和这个问题相关的同伴或者同事，发动他们一起思考。

第二，在和别人讨论之前，我们需要对这个问题涉及的知识进行充分学习和思考。只有这样，讨论才会更有质量。

第三，最好选择在该问题上的知识水平高于我们的同伴。只有这样，他们才能给我们更多启发性引导。

敢于"烂开始"，从学到到做到

通过跟别人讨论，可以加深对学习内容的理解，真正消化知识，从"知道"到"学到"。之后，更加重要的是如何把学到的知识用起来，从"学到"变为"做到"。

要想将所学的知识用起来，最重要的一步是敢于接受"烂开始"。什么是"烂开始"呢？举一个例子，我们在学生时代参加考试时，每次拿到试卷，便会按照一般习惯从第一道试题开始做起。但是，如果第一道试题不会做的话，怎么办呢？你有可能不会一直和这道试题较劲，更不会放弃整张试卷，而是马上开始做下一道题，这便是"烂开始"——不纠结于自己是不是完全掌握了所学知识，而是直接开始把学到的知识用到实践中去。

很多人花了大量时间学习新知识，却不能把学到的知识运用到实际中去，很大一部分原因是出于畏难心理，不敢面对“烂开始”。人们在认知层面学习一个新知识比在行为层面去实践它要容易得多，因为在认知层面，我们只需要读几本书，听一套课，看几个短视频或者参加一次培训班便可以了。但是，如果把这个知识用到工作生活中，就需要我们克服行为上的惰性，一边练习一边纠正自己，从而养成长期的行为习惯。毫无疑问，这个行动的过程实在太难了。

因为畏难心理，人们往往会更加倾向于去做一件容易的事，而非价值最大的事。但学习有一个奇怪现象：如果我们不能将学到的知识运用到实践中，随着时间的流逝，它一定会被逐渐遗忘，以后被我们拿来运用的可能性也会越来越小。

反之，如果我们敢于把学到的东西及时运用到实践当中，即使学得不是非常精通，理解也不够透彻，但是通过日积月累的实践练习，学习效果往往会超出我们的想象。同样长的时间内，一个人因为畏难心理一直拖延，从未开始，而另一个人先行动起来，这两者的学习效果一定会有天壤之别。

所以，在我看来，要想从“学到知识”变为“做到知识”，最好的办法就是勇敢迈出第一步。有句俗话说“不怕慢，就怕站”，意思是我们可以慢慢地做一件事，但是不能停滞不前。在行动之前不要想太多，先行动起来就可以；想得越多，越容易畏缩不前。真正有用的思维反而是："人至践，则无敌。"这个"践"是"践行"的"践"，只有敢于"烂开始"，才能走上践行之路，才不会为了难度不大甚至根本不存在的困难而焦虑。而一旦开始行动，我们才可以把注意力放到真正需要关注的关键点上，过去的认知和思考才会进一步升级，这也将为我们带来意外惊喜。

几年前，我夫人对学习瑜伽产生了浓厚的兴趣。起初，她以为学习瑜伽很简单，不过是跟着网上的视频练习而已。后来她才发现，观看视频时以为自己都明白的地方，其实有不少技术问题都被自己忽略了。

比如，严格的瑜伽练习对发型和衣服都有要求，而练习时如果姿势不够标准甚至会导致受伤。又如，如果想要练习空中瑜伽，练习者往往需要先在地面上练习很长时间，并达到一定身体条件才可以。再比如，瑜伽练习前后最好能够调整好呼吸，拉伸肢体，让身体慢慢适应，进入状态。在开始练习瑜伽之前，我夫人都不曾注意到这些问题，但她在练习瑜伽的过程中学习到了这些内容。有了这些改进后，她的瑜伽之路才算正式入门，后来的练习效果也变得越来越好。

"主动学习"最可爱的地方便在于此，它不需要多么详细的计划、复杂的道具，也不限定行动开始的必要条件，只要我们想，便可以在任何时候开始练习——小到和家人探讨一个共同关心的问题，在微博上和陌生人就一个热点问题辩论起来，大到站在台上开始人生中第一次演讲，都会大大提高学习效果，并使我们在成长中感受到主动学习的乐趣。而说到底，技巧虽然重要，主动学习获得的乐趣才是更加珍贵的。

第二节 将学到的知识内化为自己的能力

前段时间，有位从事新媒体工作的朋友和我谈起自己遇到的一个学习困境：他花了大量精力去学习写作爆款文案的方法，比如，如何取一个引人注目的标题、如何提炼令人印象深刻的金句、如何让每一句话读起来言简意赅……技巧虽然学会了不少，但是每当别人问起他如何使用这些技巧时，他却总是说不出所以然来，而且实际写文案时也始终无法将这些知识使用起来。

看似学会了不少知识，却没有将知识内化为自己的能力——学过的知识不知道可以用来解决哪些问题，解决问题的时候又想不起来能使用哪些知识，这种知识和问题之间的相互脱节，是一种非常典型的学习现象。就如我们常说的，“懂得了很多道理，却依然过不好这一生”。

知识内化的三个阶段

在前文中，我曾经着重提醒过，“knowing the name of something”（知其然）和“knowing something”（知其所以然）是两种完全不同的学习思维。“知道”不代表能够“做到”，前者几乎很难被正确提取和用于解决问题，它们往往会白白占据我们的大脑内存，在我们遇到问题时却无法发挥任何作用。学以致用的关键是将所学知识内化成自己解决问题的能力，而要完成知识内化，我们至少要经过三个阶段。为了方便理解，以下我将会借用三句诗词类比知识内化的三个阶段。

第一个阶段：别时容易见时难，流水落花春去也。

一旦学完某些知识，这部分知识就像流逝的江水、凋落的红花一样一去不复返，即学完就忘，在现实生活中也想不起来使用它。

以我个人学习沟通技巧的经历为例：我和夫人经常因为孩子教育问题沟通不畅，甚至发生争吵。为了解决生活中类似的沟通不愉快问题，我特意报了一门沟通课，学到了一个叫作“问题外化”的沟通技巧。“问题外化”是后现代心理学叙事疗法的重要技术，其核心是将“人”与“问题”分开，以此避免为当事人贴上负面标签后，削弱当事人面对问题的意愿与能力。换言之，“问题外化”是当双方沟通发生冲突时，我们应该重新调整视角，让彼此意识到双方只是在立场上存在分歧，意见不一致不是任何人的问题，而是这件事情本身的问题，我们可以想办法一起解决这个问题。这个技巧对调节沟通冲突特别有效。

刚开始接触这个技巧时，我如获至宝，觉得自己从此掌握了与人沟通的不二法门。但真到了跟夫人沟通的时候，我们依然是聊着聊着就不欢而散，因为我根本就想不起要用"问题外化"避免冲突。

第二个阶段：众里寻他千百度，蓦然回首，那人却在灯火阑珊处。

明明遇到了一个似曾相识的问题，但总是在跟它擦肩而过之后才忽然想起，刚才这个问题其实可以用以前学过的某个知识来解决，这就是典型的"事后诸葛亮"。

还是以我学习沟通技巧为例，每次和夫人发生冲突之后，我都会陷入沉思："怎么又吵起来了？学了那么多沟通技巧难道一点儿用处都没有吗？"思来想去，我恍然大悟："'问题外化'这个方法不就可以避免刚才的冲突吗？怎么刚才就想不到呢？"

因为经常进行这样的事后反思，后来我跟夫人聊到一半的时候，便能忽然想起："再这样聊下去肯定要争吵了，我们可以尝试使用'问题外化'的方法缓和一下。"这时候，我会按照"问题外化"方法和夫人这样进行沟通："亲爱的，我们的出发点都是希望为孩子提供恰当的教育，现在的问题是我们对于'要不要辅导孩子写作业’这个问题意见不一致，而意见不一致肯定不是你的问题，也不是我的问题，每个人都有自己的合理考虑，所以我们可以一起想办法来解决孩子的写作业问题。”如此一来，我们的注意力立刻转移到“解决孩子写作业”这个问题上来，原本一触即发的争吵成功被终止。

值得注意的是，虽然在这个阶段我们要么是事后才想起来学过的知识，要么是沟通了一半才想起来，但“事后诸葛亮”决不是完全无用，相反，它是知识内化的关键阶段。因为这个经历中存在着刻意思考的成分，而刻意思考可以帮助我们建立问题和知识之间的关联——我们刻意思考的次数越多，这种关联就越紧密，知识就越能转变成解决问题的能力。

第三个阶段：竹杖芒鞋轻胜马，谁怕？一蓑烟雨任平生。

即使前路风雨飘摇，即使以后会遇到各种问题，我也不怕，因为我已经把知识吃透了，随时可以在面对不同问题时处之泰然。

“问题外化”被我频繁使用之后，逐渐内化成了我的一种直觉，一旦遇到合适的使用场景，它就会不假思索地出现在我脑海中。后来，除了与夫人沟通之外，和朋友、儿子，甚至客户沟通的时候，只要遇到双方僵持不下、谁也说服不了谁的情况，我都会使用这个技巧，把马上要吵成“敌人”的双方拉到一个战线上，一起想办法共同解决问题，而不是任由冲突继续伤害双方关系。现在，我几乎再也没同任何人吵红过脸。

知识内化的关键：推动知识与问题互相靠拢

任何一种知识都可以通过反复持续和有意识的使用内化成我们自身能力的一部分，问题的关键是：怎么做才能推动知识和问题互相靠拢，使知识和使用场景之间能够互相“自动触发”？

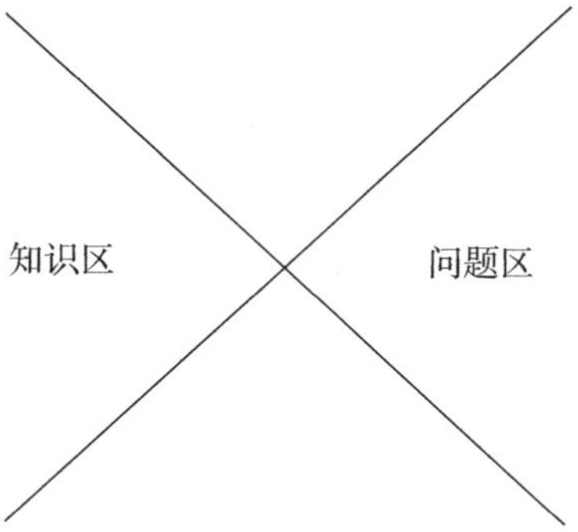

X 思考模型

结合我个人几十年的学习经验，我提炼了一个推动知识内化的操作方法：X 思考模型。我们可以在纸上画下一个字母 X，X 左边的区域是知识区，右边是问题区。X 思考模型的核心是：推动知识和问题互相靠拢。具体操作分两步。

第一步：推动知识向问题靠拢。每当我们看到一个有用的知识，都可以停下来反复询问自己以下两个问题，从而寻找知识与实际问题之间的联系：“在我的工作生活中哪些现象可以用这个知识解释？我的哪些行为可以用这个知识进行改进？”

我最近学到了一个心理学概念，叫作“全能自恋”，这种心理现象指的是一个人觉得自己无所不能，整个世界都应该按照自己的意愿来运转。可能在一分钟之内，任何人都能非常快速地理解甚至滚瓜烂熟地背下这个概念，但是我却通过询问自己以上两个问题，对它研究了几个小时。

第一个问题：在平时的工作生活中，我遇到的哪些现象可以用来印证这个概念？

首先，我想到了儿子刚出生时的情景：当他有任何需求时，只要大哭一声，全家人都会想方设法去满足他，这就是明显的全能自恋。虽然婴儿并不懂这个心理，但这并不妨碍很多小孩从小就产生一种“我是这个家里的主人，所有人都必须满足我”的心态。当婴儿年龄太小完全没有能力应对这个世界的时候，他有这种心态是合理的；可他长大后若仍然抱有这种心态的话，明显就走入了全能自恋的误区。

接着，我又开始思考，除了婴儿，成人世界有没有这种“全能自恋”心理呢？除了人，某些机构和单位里有没有“全能自恋”现象？很多机构和单位出台的政策，只顾自己操作和执行方便，根本不顾及用户体验，这其实也是一种“你们都要按我的意志来”的全能自恋。

找出几个现象后，我又会开始追问自己第二个问题："我的哪些行为可以被这个知识所改进？"

还是以"全能自恋"为例，我首先想到在对孩子进行教育时，我们应该努力避开使用"全能自恋"式语言，改掉用自己意志替孩子做判断的习惯，比如："我吃的盐比你走的路还多，你一个小孩子懂什么？""我都嫌冷，你怎么可能不冷？""这道题这么简单，你怎么就不明白呢？"

此外，我会引导公司的营销团队也要把营销思维从自我视角转到用户视角。不要一遇到客户就说"我们的产品非常好，您一定不能错过"，而应该先问问客户"您有没有需求用到这个产品"，告诉他有哪些需求是这个产品可以满足的。

一个简单的心理学概念，我们也许可以几秒钟就可以背下来，但是如果只是停留在浅尝辄止、蜻蜓点水式的学习上，那么看再多书、了解再多知识又有什么价值呢？只是单纯地"知道"并不能代表我们可以用它来解释各种现象，更别提解决真正的问题了。

第二步：推动问题向知识靠拢。当我们遇到实际问题时，先暂时按下自己的第一反应，不要按照已有的思维定式去解决问题，而是要尝试着使用学到的知识去解决，多问自己："有没有其他方法可以用？我学到的哪些知识可以用来解决这个问题？"

由于对外宣传口径的重要性，我所在的公司的新媒体团队在内容上是直接向我汇报的。新媒体运营工作中“标题取得好不好”对文章的传播度非常重要，如果没有一个吸引人的标题，文章写得再好也很难得到关注。一开始，我发现同事取标题时翻来覆去只有几个思路。为了帮助他们改变这种现状，我提议在为每篇文章取标题时，大家至少要提交 5 种新思路，让标题更具吸引力。

我让同事们从现实世界中观察一切会对人产生吸引力的东西，包括一个人、一句话、一个动作，甚至一个电视节目，并思考这些东西吸引人的原理是什么，然后尝试使用这些原理取标题。

下面是我同事尝试的方法：

同事 A 发现：生活中态度明确的人会很有吸引力，尤其是名人。所以他用名人直接亮明态度的方式取了一个标题：“巴菲特：我从来不靠炒股成为顶级富豪”。

同事 B 发现：两个反差很大的东西放在一起，很容易吸引人，于是他用对比的方法取了一个标题：“为什么吃肉的时候你一个没赶上，挨打的时候倒是一个没落下？”

同事 C 发现：某综艺节目的广告文案很有意思，够大胆、有画面感，于是他围绕视觉化这个特点取了一个标题：“泡沫浪潮退去，才能看到谁在裸泳”，非常形象地把股市投资形容成裸泳。

同事 D 想到健身教练经常这样劝她少吃垃圾食品：“你吃一

碗泡面的热量，要运动一个小时才能消耗掉。”把无法直观感受的东西类比成一个可以直接感受的东西，特别容易抓住人心。

通过一段时间的思维训练，无论是商业财经、职场成长，还是亲子教育、两性关系，在撰写任何一个领域的文章时，我的同事都可以在10分钟之内写出5个思路不一、质量却非常有保证的标题。

从知道到做到的距离，有时候可能相差甚远。在前一节内容中，我建议你不妨在一开始的时候就边学习边践行，因为将知识用起来比获取新知识更加重要，“烂开始”是践行知识的关键一步。但是，除了“烂开始”，我们还可以从更高层面规避理解和使用知识的思维定式，为每一个知识匹配更多的使用场景。通过循环推动知识与问题互相靠拢，真正形成一种“自动触发”——知识在胸，场景出现，无需思考，立即应用，就像熟练的老司机开车遇到突然状况时，不用思考也知道松油门、踩刹车、踩离合一样。

第三节 通过写作卡片提高思考力

学习是每个人自己的事，知识就像我们内心向外界盛开的一朵花，一定是由内而外生长。那些看过的书、听过的课，如果没有做到输出，外在的知识很可能只是从眼前飘过，不留痕迹。想要把知识真正“据为己有”，必须通过输出来完成。写作和转述便是经典的知识输出方式，我们将在接下来的两节中分别探讨这个话题。

于写作而言，暂且不说“文章经国之大业，不朽之盛事”这些宏大层面的意义，作为一种自我表达的方式，希望能将自己所思所想写出来的渴求，是一点儿也不亚于人们对食、色的追逐的。对我们个人而言，作品就像一面镜子，一览无遗地将自己的所思所想呈现在纸上，照给自己看的同时，也照给别人看。“见字如面”，文字具有大面积、跨边界的社交魔力。

写作作为一种输出方式的两个价值

但是，写作对于很多人来说并非易事，写出来和仅在大脑中想一想，完全是两码事。大脑中的思考容易停留于碎片化，或者局限于某个知识点，但通过文字呈现出来时，则需要挖掘出想法背后更多的东西，更具逻辑性和体系化，并且能兼顾更宏大的思考局面。作为一个知识输出过程，写作至少能够在以下两个方面为我们带来全方位的锻炼：

第一，升级逻辑思考力。认知科学家斯蒂芬·平克曾经对写作的本质做过一个经典描述："写作之难，在于把网状的思考，用树状的结构，体现在线性展开的语句里。"在知识输入过程中或者刚开始进行写作时，我们脑海里的思路总是非常离散和跳跃，在对一个知识进行思考时，也会同时涌上很多念头，且它们彼此之间没有密切联系，甚至混乱不堪，仿佛蜘蛛网一样丝丝缠绕，一圈围着一圈。这种状态如果反映在写作上，就是没有灵感或者书写混乱。

但是，写出来并呈现给读者的内容，必须如水般流畅，网状的思维必须经过"逻辑的关口"。这就要求我们在写作时把这些缠绕的思路抽丝剥茧，梳理清楚，就像剖析一棵树一样，细细分清树冠是什么，树枝是什么，树干是什么。最后，依据树状结构，用精当美妙的线性语言表达出来。

前段时间，阅读完《洋葱阅读法》后，我计划撰写一篇读书笔记。但这本书中涉及碎片阅读、主题阅读、深度阅读、卡尔笔记等大量阅读技巧，写下开篇之后，我便发现自己的思考变得杂乱。比如，主题阅读技巧重在阅读广度和数量，要求我们在短时间里快速、大量阅读同一主题；而深度阅读则强调理解的重要性，要求我们不需求快求全，而是潜心钻研。两者看似相互矛盾，又似乎存在着特殊联系。在实际生活中，我们究竟应该偏重主题阅读，还是偏重深度阅读？抑或是二者相辅相成会起到更好的效果？

于是，我重新梳理自己的思绪，跳出一个个独立的阅读技巧，以更加宏观的视角来审视整本书的框架和逻辑，发现全书隐含了三个循序渐进的阅读阶段，即基础阅读阶段——体系化阶段——融合阶段。其中，基础阅读阶段对应快速阅读，旨在提升阅读速度，它是其他阅读能力的基础；体系化阶段对应主题阅读，通过拓宽阅读的广度来为阅读的深度打基础；融合阶段对应深度阅读，因为只有深度阅读，才能将主题阅读的内容进行整合升华。至此，在具体阅读技巧的理解和使用上，我不仅梳理出了一个脉络清晰、层次分明的线性思考过程，并且进一步深化了对全书逻辑的整体认知。

你可以尝试一览无遗地将自己的所学尽数呈现在纸上，从而鞭策自己不断思考，将杂乱无章的念头梳理成周密严谨的文章。

通过一次次具体的写作输出过程，你的逻辑思维能力便会得到很大提升。

第二，打造个人品牌。关于写作对个人会产生的价值，不少人都听过罗振宇在某综艺节目中说过的一句话："未来社会最重要的资产，是影响力。构成影响力最重要的是两个能力，第一是写作，第二是演讲。"而令我印象深刻的，则是职场作家弗兰克所说的："写作是没有声音的万人演讲，如果想要有所成就，写作是必备技能之一。"两句话不约而同地表达了同一个意思：写作是制造并传播个人影响力的重要方式。

当今社会，互联网极大地压缩了信息传递的层级，写作是一条展现自己的捷径。微信公众号、微博、今日头条、简书、知乎等自媒体平台的发展，让每一个身怀绝技却苦于无法展现自己的人有了机会。微信公众号的广告语说得很好："再小的个体也有自己的品牌。"掌握写作输出技巧，我们就有了塑造个人品牌的能力。

2014年底，年轻的90后小伙李靖化名"李叫兽"，在其公众号推送了一篇名为"7页PPT教你秒懂互联网文案"的文章，之后，这篇文章被数家公众号和媒体转载或改写成"刷爆"营销界的文章，"李叫兽"在一夜之间爆红。之后，"李叫兽"又和团队在微信上发表了一系列营销专业的相关文章，坚持通过互联网平台大量写作输出自己学习后的深度思考，以此快速建立起关注度，而“李叫兽”个人也一路做到百度公司最年轻的副总裁，堪称通过写作创造个人影响力的绝佳案例。

“李叫兽”通过写作完成了其价值能力的持续输出，同时借助公众号不断扩散其个人影响力，直到后来被百度公司注意到。对比他过去苦兮兮地投简历、面试，然后被一次次刷下来，再接着投简历这种传统的阶梯式求职，写作让他跨越了众多的信息传递层级，互联网的扁平化也让过去遥不可及的机会一下子全部降临在他的身上。

可见写作本身对职业发展、个人品牌的提升价值是不可估量的。过去，一个会写作的人可能因为不懂社交手段，最终默默无闻，就像韩寒说的：“怀才就像怀孕，时间久了才看得出来。”但现在不一样，只要你输出的内容足够精彩，写作就有可能带给你意想不到的发展机会。

纳博科夫的“卡片写作法”

写作固然是很个人化的一种表达和传播方式，但写作绝不仅仅是直白地把自己心里的想法写出来就好。写作的愿望和写作的能力往往是两回事，我们需要考量读者的属性、所输出内容的价值，最重要的是，我们需要依靠一些训练技能，日复一日持续不断地进行针对性的写作练习。倘若能够掌握行之有效的训练方法，即使无法写出惊世骇俗的杰作，至少也可以比很多人更出色。

在漫长的创作生涯里，我也曾尝试过很多种写作方法，这些年经常使用且行之有效的是卡片写作法——它来自20世纪最伟大的作家之一纳博科夫（据说钱锺书先生也将卡片写作法视为随身法宝，经常使用）。纳博科夫写作时不会从头至尾、逐字逐句地按照顺序进行写作，他会在阅读或思考时将自己的心得、想法、灵感以关键词或短句的形式随时记录在一张张小卡片上，然后再抽出时间根据每张卡片上所记录的关键词，依次为每张卡片填充内容，最后像玩拼图游戏一样，通过变换卡片之间的连接顺序，拼接成一篇篇结构完全不同的内容，甚至是一部部故事不同的小说。

从利用卡片写作法完成写作输出的个人经验出发，我按照阅读、写作、修改三个维度将卡片写作法改良成了三个步骤：

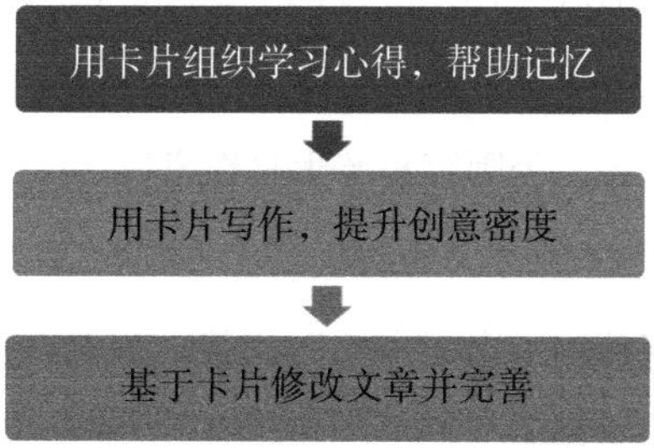

第一步：用卡片组织学习心得，帮助记忆。学习输入是一

个为写作输出做准备的过程，我们要在输入阶段学会记录学习卡片，也就是通过记笔记的方式强化自己对所学内容的理解。但需要提醒的一点是，我们应该将学习卡片视作一种“延时笔记”，而非“即时笔记”，因为它不是边学边记录，而是在学完后的一定时间内合上书本把重要内容以及自己的思考或者疑问默写下来。

为什么要做这种“延时笔记”式的默写呢？认知科学领域经过大量实验研究表明：存储与提取往往呈现负相关的状态，即存入记忆越容易，提取出来则越困难；反之，如果我们有些吃力地将内容存入记忆，那么对这部分知识进行提取则会更方便。这与我们以往的习惯性认识——“记得越快，学习效果越好”刚好相反。所以，学习卡片的最佳方式是学完后的一定时间内合上书本默写重要内容，这些故意增加的“必要难度”会让我们的记忆更加持久。

第二步：用卡片写作，提升创意密度。使用卡片写作法进行创作时，如果我们习惯使用纸质卡片，可以准备扑克牌大小的卡片，尺寸不宜太大，否则容易产生写作恐惧。

但相信身处数字时代的我们，大多已经不太习惯纸质卡片了，所以不妨直接用“电子卡片”代替。现在有很多功能强大的写作软件，如 Scrivener 就有卡片模式，让你轻松、便捷进行卡片写作；还有很多好用的笔记 App，如印象笔记、有道云笔记、为知笔记也是不错的选择。如果你觉得那些太过专业，还可以使用电脑、平板、手机的便签功能。

准备完卡片后，便可以正式开始写作了。记住，在写作时，卡片可以随意抽取，任意交换，就像我们手握扑克牌可以随意洗牌一样。具体的写作流程如下：

首先，确立文章大纲。我们可以在一张卡片上写出文章大纲，大纲卡的使用原则是简洁清晰，只需写明关键词句即可，这些关键词句可以涵盖这篇文章80%的精华。切记，关键词句提取过多、阐述过多、写得越多，就越容易限制我们宏观思考的维度。

另外，在写大纲卡时，最好重点围绕两个不可忽视的问题——为什么要写？读者是谁？

"为什么要写？"可以提醒我们时刻明确自己的写作动机，比如是为了自我学习，还是为了向外传递知识？不同的动机需要注意不同的文章结构。"读者是谁？"则可以提醒我们写作内容的重点。如果读者是初入职场的年轻人士，他们更希望读到更多实用和易操作的内容，此时应尽量避免太多抽象的说教。

其次，为大纲骨架增添血肉，即为其余卡片扩充大纲所需要的要点及灵感。此时，我们可以根据其余卡片的关键词，将与此相关的深度思考或延伸内容一一写下来，不必受限于大纲顺序，自由地想到什么就写什么，充分展现自己的创意。完成后，我们手中就拥有了许多零零散散的卡片，每张都凝聚更有深度的思考。

最后，拼接完整的文章。按照大纲的顺序，将卡片拼接成一篇完整的文章，各个卡片之间若有重复的内容，将其合并即可。

第三步：基于卡片修改文章并完善。好文章与其说是写出来的，不如说是改出来的。如果写作是才思奔涌、驰骋纵横，那么修改则是逐个词汇、逐个句子地切磋琢磨，精雕细刻。然而，纳博科夫修改稿件并非这样精雕细琢，他会打乱不同卡片的顺序，玩一个以卡片为基础的拼图游戏。相对一般人的修改过程，纳博科夫的卡片修改方式，更容易激发远距联想能力，让他灵感闪现，妙语连珠。我们使用卡片写作方法时，也可以学习这种“拼图游戏”式的修改。

例如，我的同事牙牙，一个95后小姑娘，在阅读完芭芭拉·明托的《金字塔原理》之后，希望写一篇关于“运用金字塔原理提升表达力”的文章，以便在团队的读书会上分享，同时准备在公司的行业公众号上投稿。因为她之前很少写作，完全不知如何下手，按照卡片写作法的训练步骤，我对她进行了如下指导：

首先，阅读输入。读完书后，抽出一段时间，做好学习心得卡片，延时写下自己认为对提升表达力有用的知识点。牙牙在第一张卡片上写下了表达的痛点，在第二张卡片上写下了金字塔原理的基本原则，同时也写下了其余大大小小十余张卡片。

其次，创作输出。首先，围绕两个问题——“为什么要写？读者是谁？”来完成大纲卡片。“为什么要写”——牙牙希望将金字塔理论和自己的实践经验分享给他人，提高自己写作能力的同时也能帮助他人提升表达能力。“读者是谁”——牙牙认为主要面向工作中表达能力欠缺的同事或朋友。根据牙牙的反馈，我建议她紧扣职场这个角度，从工作汇报、沟通技巧等角度出发，着重介绍金字塔理论的实用价值。

经过反复琢磨，牙牙最终确立了自己的文章大纲，按照经典的“是什么—为什么—怎么做”结构，先介绍什么是金字塔原理，再解释为什么可以利用金字塔原理提升表达力，最后着重介绍职场上一些实用的表达技巧。

接着，充实内容卡片。牙牙开始扩充每张卡片的内容，比如在“表达的痛点”这张卡片上，她写下了“工作汇报重点不够突出、职场沟通说话没有逻辑、思维方式混乱、PPT 演示不够吸引人”等内容，在“金字塔原理的基本原则”这张卡片上写下了“结论先行、自下而上、归纳分组、演绎递进”等内容……

最后，排序和修改完善。她依据自己的大纲顺序，确定了哪些在前，哪些在后，哪些是理论介绍，哪些可以分享实操经验。这样下来，一篇文章基本成型。最后，我又带着她一起修改完善。比如，关于 PPT 演示的内容，她原本放在了“表达的痛点”一张，并将其归入了“怎么做”的章节，用来对金字塔原理进行实操演示；但是我在帮她分析如何调整卡片顺序时发现，如果把 PPT 演示不当的案例放入第一个章节，即介绍“什么是金字塔原理”时，作为反面案例进行对照分析，不仅可以在文章开篇快速引起读者共鸣，还可以为解释抽象概念增加一个生动的案例，大大增加了文章的可读性。

除此之外，在和牙牙一起整理卡片时，我也有意引导她对眼前的卡片尝试重新排序。也许，她可以通过这种方式写出另外一篇角度不同的文章，比如她之前写下的失败经历，既可以像前面所说放入“是什么”的章节中，引起读者共鸣；也可以加上自己表达能力提升后的成功经验，放在“怎么做”的章节中，作为对比案例，对金字塔原理的实操方法进行演示；还可以放在“为什么”的章节中，用自己身上发生的变化佐证金字塔原理的价值。这种方法的好处还在于：如果注意收集与此相关的更多的案例和素材，她还可以组合出更多可能的大纲。

经此操作演示，牙牙在比较短的时间内便轻松拼接出了一篇理论扎实、内容翔实的文章——这也是卡片写作的神奇之处，只要开始尝试并练习，大部分人都能够感受到前所未有的写作体验和乐趣，包括：

速度快。因为大脑思考的速度远快于我们写字的速度，很多时候，若干思绪、灵感喷涌而出时，如果我们只是抓住其中一个想法开始中规中矩地创作，最后花了大量时间完成该部分内容后却恍然发现灵感的大门已经关闭，即使想要继续创作，思绪仍是一片空白。相反，卡片写作法可以提醒我们面对大门敞开的思绪，使用小卡片飞快记录下思考的痕迹，不致任由思绪流失，同时又能方便后期拼接。

压力小。用卡片写作时，我们眼前面对的是一张张细小的卡片，没有长篇创作的压力与紧迫，大脑处于放松状态。试想一下，在具备同样精力的前提下，卡片写作法让我们将注意力聚焦在眼前的一张张小卡片上，而常规写作法则让我们将注意力分散在长篇文稿中。相对来讲，卡片写作法更容易使我们放松。

创意多。卡片可以随机变换前后顺序，极其容易产生远距联想能力，将看似联系较弱甚至没有联系的事情联系起来，让我们灵感频发，从而提升创意密度。就像面对飞机、潜艇两种不同属性的东西，远距联想能力比较强的人就能想出飞行潜艇的创意，而一般人只会认为二者是完全不同的两类交通工具。这也是卡片写作法最神奇的地方，我们的思绪像是不断变换的卡片，四处碰撞、拼接、联想，迸发出智慧的火花，它们是文章的精华，也是写作者最稀缺的东西。

和大多数人一样，在对写作进行有针对性的训练之前，我也曾认为写作是一件专业的事情——文学属于作家，新闻属于记者，工作汇报属于办公室主任，演讲属于领导而演讲稿属于秘书。但是今天，我越来越发现个体的崛起正在打破这一切边界，写作几乎成为了一切能力的元能力、基础中的基础。工作时，我们需要能说会写；创业时，很多时候 10 个会做事的人也比不过一个会讲故事的人对资本更有吸引力，而讲故事的背后，就是写故事的思维能力在起作用；在互联网上，如果你连 140 个字的微博都写不好，你的朋友圈也是索然无味，那么你的虚拟人格就是破损的。

在解决这些贯穿了大部分人整个写作生涯的痛点上，纳博科夫的卡片写作法有其独到之处。在一张张短小的卡片上默写与联想，没有长篇创作的惶恐、无事可写的窘迫，更没有思维凌乱的畏惧，利用坐地铁、排队、坐电梯的碎片化时间，都有可能轻松完成其中一张。随着一张张卡片上的空白被逐渐填充，又可以迎来相当有趣的拼图游戏——你可以从这儿取出一块，从那儿取出一块，拼出一角天空，拼出山水景物，甚至再拼出一个全新的自己。

第四节 把学会的知识教给他人是最高效的学习方法

某综艺节目的辩论指导教练黄执中在《好好说话》栏目中曾经分享过这样一段话："我经常在看书的时候做一种练习，每当我读到一个精妙的段落，产生了'哇！这个想法好妙啊！这个观念好棒哦！'的感觉时，我都会合上书，假装自己眼前有一位同学，他完全不明白这一段的内容，然后呢，我要试着把这段内容教给他，并且保证让他听懂……正是靠着这种方法，我自己读过的每一本书、遇到的每一个有意思的段落，才会真正成为我个人内在的一部分，长进我的身体里，并且让我在当众表达这件事情上受益无穷。"

艾德格·戴尔的"学习留存率金字塔"理论也为我们印证了"教授他人"是效率最高的学习方式，但从黄执中的分享中我们不难发现：向他人转述学习成果对提升自己的表达能力同样具有意想不到的作用。

表达型输出的常见问题

不过，不可否认的是，转述学习成果对很多人来说一直是个难题，毕竟我们现行的社会体系很少在这方面向人们提供专业训练。回想我的个人经历：大学毕业进行论文答辩时，虽然我自己对论文内容了然于胸，但站在讲台上仍然结结巴巴；晋升管理层带新人时，我曾经因为不擅表达，无法将一些工作理念和经验传授给下属；有了孩子后，我曾竭尽所能地教他知识，却发现孩子根本听不懂……

将所学知识通俗易懂地表达出来，在现实生活中比我们想象中更难。很多人往往都不用走到表达技巧那一步，就败在了一些非常基础的问题上。比如，在任何场合的口头输出都毫无组织性和目的性，大脑涉及的处理回路很少，想到哪儿说到哪儿。输出背后更多的是你在实现一种“我在输出”的自我满足感，实际上你只是在低效地释放无用的信息，浪费自己和听者的时间。

这些问题归结起来，无外乎分为三类：

一是知识理解不到位，导致转述卡壳。这时你不仅在转述时磕磕巴巴，讲不下去，而且对别人提出的疑问也无法顺利解答。无法解释清楚的地方其实正是我们的知识盲点。输入知识的时候，知识盲点不容易被察觉；输出知识的时候，知识盲点反而会充分被暴露。

二是逻辑混乱，内容晦涩，“只有表，没有达”。转述作为一种表达方式，不仅要求你会说，还要求听众能听懂。很多时候，你讲得洋洋洒洒，别人却听得一头雾水；或者你明明讲的是A，别人却误以为是B。

之所以出现这些问题，一方面是因为我们表达的时候逻辑混乱，缺乏清晰结构。因为大脑都喜欢有规律的信息，思考有结构，表达才有效力。如果你输出的东西没有经过大脑的思考整理，很多内容就会缠绕在一起，杂乱无章，自己讲不清，别人也不可能听懂。另一方面是因为我们讲得过于抽象晦涩，不够生动具体。人都有惰性，都不喜欢抽象难懂的东西，一旦我们的表达抽象难懂，听者就容易走神，更别说准确理解。

我个人曾经最容易在政治和哲学的课堂上走神，因为这两门学科包含了太多抽象概念，很多概念不举例解释就会特别费解，而我这个具有惰性的大脑一旦遇到费解的内容就会习惯开启屏蔽模式。

三是没克制住表现欲，表达不够精简。人们都希望被认同和赞美，一个明明可以用几句话解释清楚的简单问题，因为自己的表现欲作祟，你就会绕来绕去，滔滔不绝，这样反而导致对方听得不耐烦。其实，最重要的信息往往最需要被言简意赅地表达出来，越是讲得啰嗦冗长，别人越是不耐烦，记不住。

对于以上三个常见问题，应该如何有针对性地做出改进并提高表达输出能力呢？我个人的经验是：**先把书读厚，再把书读薄，最后精简表达。**

先把书读厚：扫除知识盲点

以樊登读书会的创始人樊登老师的讲书经验为例，樊登每讲一本书，都不会仅仅停留在简单复述书中的知识点，而是采用以下三个技巧先把书读厚。

第一个技巧：了解更多背景信息。樊登老师讲书时，他会先了解作者的成长背景和故事。比如，讲稻盛和夫的《干法》时，他花了大量时间介绍稻盛和夫创建京瓷和拯救日航的故事，以及他退休时将个人股份全部捐给员工，自己皈依佛门的故事。为什么要讲这些书中没有的内容呢？因为这些故事对理解稻盛和夫这个人和他的工作哲学很有意义。如果我们离开作者的成长背景、时代发展大方向去阅读一本书，往往很难理解作者通过文字想要表达的深层次思想。

第二个技巧：代入自己的经历。樊登老师在讲书时，经常会代入自己的经历、故事、情绪和思考。这些代入有时是为了延展知识内涵，帮助我们理解书本难点；有时是为了对比反思自己的行为。尤其是当解读一些外版书籍时，樊登老师的这种代入可以让我们有一个中国本土化的视角，也更容易产生共鸣。

第三个技巧：引入“他山之石”。樊登老师涉猎广泛，在解释书中观点时，他经常用国学、经、史等其他书中的观点、案例来印证自己的观点，这样不仅能将两本书对比解读，还能让我们产生批判性思维，这就是引入“他山之石”。

了解更多背景信息、代入自己经历、引入“他山之石”，熟练掌握以上三个技巧可以有效帮助我们先把书读厚，扫除知识盲点，从而将输出的知识融会贯通，信手拈来。

再把书读薄：结构清晰，表达生动

把书读薄，就是以最简洁易懂的方式将学到的内容转述给听众，以此避免“只有表，没有达”的尴尬。具体来讲，我们既要克服逻辑不清的问题，又要克服晦涩难懂的问题。

首先，学会使用思维导图，可以让表达更有逻辑。在实践应用上，口头表达和书面写作的逻辑能力其实并无差别。如果我们能用思维导图将一段内容的逻辑清晰地写出来，那么我们同样也能清晰地讲出来。

樊登老师讲书时通常会在桌子上放一张事先绘制好的思维导图，书中的要点和结构都被归纳其中。用樊登自己的话说：“按照眼前的思维导图进行讲述，不论内容是否生动有趣，一定可以保证逻辑严谨清晰。”

其次，把握“两个原则”，可以让表达更生动形象。除了用思维导图对内容进行结构梳理之外，我们还应尽量把内容讲得生动形象一些，让别人听得清楚明白。这需要我们把握两个原则。

原则一：活用案例，演示知识。如果我们的表达很抽象，听众就容易走神，所以我们在表达时要尽量为每一个抽象难懂的知识点搭配案例，进行演示。

黄执中在某综艺节目中的一段发言曾经给我留下过深刻印象。他在节目中提出了这样一个观点：“你真的认识你以为认识的东西吗？”很多观众听到这句话时都是一脸疑惑。为了方便大家理解，他举了一个具体的例子来解释这句话：

> 假如我是一个外星人，我来到地球。地球上的东西，我一点儿都不认识，现在请你告诉我：“什么是桌子？”
>
> 有人回答：“它是木头做的。”可是我们见过各种材质的桌子。
>
> 又有人回答：“它是放置物品的工具。”那你们现在放置屁股的这个工具，一定不叫桌子吧？
>
> 所以，你们现在知道了：你们所讲的桌子，并不是真正的桌子。

你现在也理解了吧？你并不一定真的认识自己以为认识的东西。

这段发言的精彩之处在于，他先提出一个抽象的概念，当别人疑惑的时候，他又给出了一个具体的例子——这个通俗易懂的例子让人茅塞顿开，立刻理解了他想要表达的意思。

原则二：巧用比喻，通俗易懂。比喻在演讲表达中的运用非常广泛，巧用比喻可以帮助我们将陌生的东西变为熟悉的东西，将深奥的道理浅显化，方便听众理解。

北大经济学教授薛兆丰非常擅长这一点，他在参加某综艺节目辩论时，在讨论“生二胎必须经过老大同意吗”这一辩题时，提到了三个经济学术语——零和游戏、负和游戏和正和游戏。

对于不了解经济学的观众，听到这三个概念大概率会一脸茫然。薛教授在发表自己的论点时，做了一个简单的比喻，他用所有人都能听懂的话来做科普：

你要是把一只篮球给了弟弟，哥哥就没得玩了，弟弟的所得恰好等于哥哥的所失，这叫“零和游戏”；

弟弟和哥哥两个人争这个球，打得头破血流，球没有增加人还流了血，这叫“负和游戏”；

弟弟和哥哥一起玩球，玩得很开心，他们都觉得这样比自己一个人玩还开心，这叫“正和游戏”。

本来让外行人摸不着头脑的概念被解释得十分生活化，这便是比喻的力量。我们在解释专业术语或者概念的时候，可以用一些日常案例和比喻进行解释，以便听众能够更加容易听懂我们所讲的内容。

精简表达：用一分钟讲完三分钟的内容

精简表达，即用最简练的语言表达最重要的思想，控制自己的表现欲，不啰嗦。

我个人经常会使用“321 训练法”帮助自己进行精简表达。“321 训练法”来自德国培训讲师克里斯蒂安·格吕宁，他在著作《快速阅读》中提出过“321 阅读法”，我将其运用到表达训练上，改良成了“321 表达训练法”。

“321 表达训练法”非常容易操作。简单讲，如果你在表达时总是过于啰嗦，那么从现在开始，当你向别人讲述一件事的时候，可以先试着用 3 分钟把这件事表达清楚，再精简语句在 2 分钟之内把同样的事表达出来，最后做到用 1 分钟就能表达完原先 3 分钟的内容。要完成这个训练，你必须在表达中不断做减法，比如舍弃一些无关紧要的语气词，如“所以”“呃”“那么”等，以及一些翻来覆去重复的话和相对次要的信息。

如何确定哪些信息值得被留下，哪些信息应该被舍弃呢？你需要一路推到本源，先搞清楚：自己想要传递什么信息给听众？你想从对方那里得到与哪些信息相关的反馈？把说话的目的搞清楚之后，才能量体裁衣地根据目的来组织说话的主要内容和顺序。

就好像在日常对话中，如果我们的目的是向对方描述自己生活中的一项经历，那么细枝末节和发散的内容便是无关紧要的信息；在求职面试中，如果我们的目的是传递关于自己职业能力和求职意愿的信息，那么无关职业技能的情绪表达便是无关紧要的信息；如果我们在亲密关系中想要获得情感支持，那么在沟通时省略无关的细节和事实，直奔对自己感受的剖析也许更有效率。

不过值得注意的是，出于自恋情结，很多人在进行这个训练时，总是不舍得对信息进行删减。不可否认，表现欲是一种人类难以克制的欲望，但换个角度想一想，表达从来就是一个遗憾的艺术，超过 87% 的说话高手在讲完之后，即便听众感觉很棒很过瘾，表达者还是会觉得自己漏掉了一些内容。无论如何总有缺憾，还不如通过精简训练主动驾驭它。

写作和表达这两种贯穿所有领域的终极能力，背后都有一套基础的方法论存在。我们现行的教育体系虽然并没有针对这两种广义能力的特殊训练，但对每个人而言，最有效的训练方法其实并不复杂——只要我们开始行动，将所学内容通过一段文本、一篇文章或者一次演讲、一场对话的形式表达出来，试着运用上述两节介绍的方法，那么通过写作和表达有效地进行知识输出，会让你以最高效率迅速进行知识积累，并通过恰到好处的展示和沟通，获得领域内其他人的认可，在现有的价值评价体系内一路上升。

第五章

学习持久力：

解决 5 个常见的学习困扰

人对于自我价值的感觉有两种：一种是好的感觉，比如学习方向明确、兴趣强烈、效率高超，个体因此充满自信和幸福感；另一种是坏的感觉，比如学习时常半途而废、自制力差、习惯性拖延，个体因此觉得自己非常糟糕。

而人与人之间的差别，很多时候与如何面对糟糕的自我感觉相关。

第一节 如何利用碎片化时间？

古时候车马很慢，书信很远，我们驿寄梅花，鱼传尺素。而今高铁朝发夕至，通信分秒可达，我们的生活节奏很快，时间被一件件接踵而至的事情切割得零零散散、支离破碎，连续性的整块时间越发成为稀缺资源。

面对这些支离破碎的时间“边角料”，人类天生具有惰性的大脑总是“下意识”地选择轻松愉悦、方便快捷的事情——看见新闻刷新闻，看见抖音刷抖音，看见论坛刷论坛，而时间却在这些没有营养价值的“即时快乐”中溜走了。

即便我们下定决心要收敛思绪开始看书、背单词、听网课，也很容易被各种生活“插曲”轻易打断——可能是一条信息、一个电话或是一个会议。我们被纷至沓来的事情裹挟着，思维像时间一样不断被切割，这些在碎片化时间读过的书、背过的单词、学过的知识，就像蜻蜓点水似的在我们的大脑中掠过，不温习就会慢慢消逝。

不要浪费碎片化时间

即便如此，我们不可否认的是，碎片化时间其实大量存在于我们的生活中，虽然这些时间看起来零零碎碎，累积起来的总量却很可观：比如上下班通勤 1 小时，闲聊、排队、玩手机，其他零碎时间，这样计算下来，我们一天至少有 2 小时以上的可利用碎片时间，一年下来就是 700 多个小时。人和人之间的成长差距往往是从这些不被重视的碎片时间拉开的，只要能够将碎片化时间合理利用，我们就可以从中获得很多实际益处。

但是，如果我们希望在碎片化时间内有效完成一个明确的学习任务，则至少需要明确两个问题：首先，学什么？在碎片化时间中，我们应该抱持什么样的学习目标？其次，怎么学？即在碎片化时间中，我们准备如何达成学习目标？如何保持学习的有效性？

当然，利用好碎片化时间的重要前提是已经充分利用了那些“非碎片化时间”：上班时间刷淘宝，下班之后狂加班，或者上课时间刷朋友圈，下课之后泡图书馆，这样导致的结果恐怕就是在时间利用率上“捡了芝麻，丢了西瓜”。

碎片化时间学什么？

庄子说：“吾生也有涯，而知也无涯；以有涯随无涯，殆矣。”

生命有限，知识无限，用有限去追求无限必然是窘困的。漫长人生的学习尚且需要取舍，更何况转瞬即逝的碎片化时间，如果不加以选择，则极易陷入浅尝辄止、学无所获的困境。

神经科学研究发现，学习是两个神经元彼此产生联系的过程，大脑有无数的神经元，当一个神经元向另一个神经元传递信息时，学习就发生了。在建立神经网络的过程中，学习可以简化为两个过程：

过程一："学"。我们通过看、听、闻、触等认知方式调动大脑神经元，推动一个神经元向另一个神经元传递信息。阅读、听音频、背单词等，就是调动神经元"学"的过程。

过程二："习"。我们通过思考、想象、创造等方式建立神经元之间的连接，思考、理解、加工得越多，神经元之间的连接就越多，越能够用一个知识连接到更多神经元。就像是交通网络，越发达的地方路线越多，能够到达的地方也就越多。

在整段的持续性学习时间中，我们可以摒弃时间有限的焦虑和压力，慢慢调动大脑神经元，并充分思考、想象，建立各种神经元之间的连接。例如，当我们坐在安静舒适的自习室全神贯注地学习，遇到费解的地方便可以立即查找参考资料，遇到似曾相识的内容也可以倒回去温习，慢慢思考新知与旧知的关系。在完整的大块时间中，我们有充裕时间去完成"学"和"习"的全过程，完成一次系统性、有深度的学习，就像备考科举的古代知识分子，可以一整天慢慢品味、咀嚼一篇文章。

但是，碎片时间存在于各个事情的夹缝中，我们刚开始调动大脑神经元还没来得及建立连接，学习时间就有可能戛然而止；大脑闪烁过知识的踪影却没来得及留下痕迹，常常会让我们感觉一无所获。既然来不及完成“学”和“习”的全过程，那么最好的办法是简化流程，完成其中一项。

碎片化时间应该注重“学”还是注重“习”？我们可以从人类大脑的两种思维模式中得到启发。21世纪以来，神经学家通过对大脑的研究发现，人类大脑存在两种思维网络模式，即专注模式和发散模式。

专注模式（Focused mode）是一种利用理性、连贯、分解途径直接解决问题的模式。当人们处于专注模式时，大脑前额皮层会将注意力高度集中到一个具体问题上，如同手电筒发出集中光柱，富有穿透力地投射到具体目标，非常有利于我们系统深入全面地学习某类知识。

发散模式（Diffuse mode）看起来跟任何一个特定脑区的关系都不太密切，更像是“弥散”于整个大脑之中，当我们放松注意力，任由思维漫步时，发散思维模式就出现了。松弛状态让大脑不同区域得到相互联络的机会，并反馈给我们宝贵的灵感，如果我们在一个问题上挣扎了许久却得不到思路，它会冷不丁地提供一个新思路，将原本没有连接的事物联系到一起。可见，发散模式更容易使我们醍醐灌顶、灵感闪现、豁然贯通。

我们可以用 Windows XP 系统自带的一款弹珠游戏来类比这两种思维模式：拉动推杆将弹珠送入弹珠台，如果弹珠瞄准一个目标，明确弹射线路，这就是专注模式；如果弹珠四处随机碰撞，就是发散模式。专注模式只在既定的路线中思考，不容易让我们产生新的想法，构建新的连接；而发散模式则不一样，弹珠在随意碰撞过程中往往会碰到一些“加分点”“隐藏项”，让我们有一种“灵机一动”的感觉。

所以，在我看来，最好的学习方式是在持续的完整时间段中，运用“专注模式”系统学习，达成“学”的目标；在零散的碎片化时间中，调用“发散模式”，从学习的知识点出发，不断思考、想象、漫游、创造，让知识点尽可能多跟大脑中的神经元建立联系，达成“习”的目标。换句话说，在碎片化时间里，我们最好少记忆，少阅读，多思考，多加工。

碎片化时间怎么学？

宋代欧阳修曾说：“余平生所作文章多在‘三上’，乃马上、枕上、厕上。”大文豪那些流传千古的文章竟然大多是在骑马、睡觉、如厕时完成，可见成功人士大都善于利用碎片化时间。如何在碎片化时间有效开启发散模式，达成学习目标，这也是我们此刻需要解决的问题。

“发散模式”不是意识流，可以信马由缰、浮想联翩地想到哪里是哪里，即便是弹珠游戏的“发散模式”，也有台球桌、发射点和挡板的限制。从我个人的学习经验来看，启动“发散模式”时，我们可以通过“TEC 架构法”建立一个基本构架以保证思考的有效性。TEC 架构法包含三个阶段：

第一个阶段：T 阶段。T 为“Target”和“Task”的缩写，代表目标和任务，简单说就是：我们思考的目标和追求的结果是什么？只有目标明确，任务具体，我们才不会像只无头苍蝇似的，东一榔头西一棒槌。

以我个人的学习经历为例，虽然工作任务繁重，事务较多，但是我依然坚持创作。就像欧阳修一样，我经常会利用碎片化时间构思文章。在撰写本章节内容时，我在等电梯、坐电梯的 5 分钟时间内便完成了“如何利用碎片化时间有效学习”大纲构思。以下是我运用 TEC 构思法构思文章的复盘过程：

> T 阶段：我的思考目标是“如何在碎片化时间中有效学习”，而我最终追求的结果是撰写一篇与此相关的文章。

第二个阶段：E 阶段。E 为“Expand”和“Explore”的缩写，意思是扩展和探索。明确具体目标和任务之后，我们就要放松大脑，发散思维，进入扩展探索阶段，以目标和任务为切入点，充分自由地思考探索，不断地联系过去的知识经验，分析各种条件和情境，寻找类似案例和方法。此时，大脑就像随意碰撞的弹珠，不断碰到一些“加分点”“隐藏项”，让自己有“灵感闪现”的喜悦。

E 阶段需要大脑不断搜寻：哪些经验就可以解决这个问题？你可以通过哪个人、哪个渠道解决这个问题？这种“搜寻”有两个大方向，第一是“向内求”，思考自己有没有解决这个问题的类似案例和经验；第二是“向外求”，思考谁可以帮到你，哪个渠道可以帮到你。

创作这篇文章时，“向内求”让我发现，一直以来，我经常在碎片化时间中使用发散模式进行思考，而“TEC 架构法”不仅能帮助我高效思考，当我把它介绍给我的学员和朋友时，他们同样从中获益良多。从我以往的经验出发，发散思维模式以及 TEC 架构法可以构成这篇文章的核心论点。

“向外求”让我联想到自己曾经阅读过一本神经学著作，其中系统介绍过学习的发生机制，似乎可以用来解释这个问题。但是因为时间久远，我已经无法准确回忆起与此相关的理论知识，我需要二次学习这本神经学著作，为我的文章找到翔实的理论依据。

第三个阶段：C 阶段。C 为“Contract”和“Conclude”的缩

写，代表收缩和结论的意思。在收缩阶段，我们要做的是将前面搜寻到的资料和想法，整理成有意义的结果或设法获得一个明确结论。它可能是一个解决问题的方案、一个创意、一个可行的方法或意见。

以我构思这篇文章为例，通过第二阶段的不断思考和探索，我搜寻到了这个问题的解决办法：用 TEC 架构法解决碎片化时间的学习问题，通过查询神经学的书籍和理论来提供理论支持佐证论点。除此之外，查看日程表之后，我发现在晚上 20 点到 21 点之间，我通常有一段完整的时间可以完成文章写作。

只不过是一趟乘坐电梯的功夫，我便构思好了文章的脉络和主要内容。更重要的是，为了防止之后遗忘，我立即打开手机在备忘录上记录下了这次思考的关键结果："碎片化时间更适合发散模式，使用 TEC 架构法进行发散思考，查找神经学理论依据，在晚上 20 点到 21 点进行创作。"

因为面对碎片化信息和碎片化时间的双重考验，我们的学习状态有些类似小学生只有课间十分钟的时间冲向学校便利店选购自己心爱的玩具或零食。如果希望学有所得，我们必须避免"眉毛胡子一把抓"，学会选择取舍，确定核心目标，利用从教室跑向便利店的零碎时间，发散思考定位自己真正需要的东西以及它存放在哪个位置。

另外，既然学习是在"知识超市"的海洋中碰撞灵感、提取知识、寻找策略的过程，那么如果我们的“知识超市”没有合适的信息储备，就像发散思考没有 TEC 架构法和神经学知识作为支撑一样，我们最终的学习目标恐怕也会难以达成。因此，虽然碎片化时间和碎片化信息是现代学习语境面临的双重考验，但只要方法得当，它们也同样代表着高效学习的双重机会。如何在碎片化信息中有序经营一个存货丰富的“知识超市”，我们后面的内容也会详细讨论。

第二节 如何将碎片化信息变为宝？

当下，我们每天都被铺天盖地的信息包围、裹挟、轰炸，而我们又不自觉地在海量的信息中徘徊，大脑仿佛不用费劲思考，就可以轻松获得一种满足感，以为自己掌握了足够多的知识。

但是，当我们冷静下来仔细思考时，就会发现这些碎片化信息，就像我们储存的一堆汽车零件，它们种类丰富，有发动机、车轮、方向盘、座椅等等。当你信心满满地以为自己能开到时速120公里，事实却是，因为这些零件没有经过专业组装，所以汽车根本无法发动。试问，不能跑的汽车零件和废品有什么区别？认真回忆起来，很多时候，这些我们日夜接触的碎片化内容，除了带给我们短暂的新鲜感和愉悦感，并没有真正增长我们的知识，提升我们的能力，更没有改变我们的生活。因此，我们没有得到真正的成长和收获，能力也没有得到提升，生活状态自然也没有什么改变。

美国著名未来学家阿尔文·托夫勒在其所著《第三次浪潮》一书中曾这样描述："这是一个碎片化的时代，信息碎片化，受众碎片化，媒体碎片化。"不可否认的是，除适用于传播语境之外，碎片化也已经成为描述当前中国社会学习语境的一个形象性说法。

这种信息碎片化的现象其实自古有之。如果你翻开《论语》便会发现，《论语》本身也属于碎片式结构，每一小段文字都独立成篇，你只要读懂和记住其中的某一句或几句就能变成有效的知识。"学而不思则罔，思而不学则殆""三人行，必有我师焉；择其善者而从之，其不善者而改之"是很多人自幼背诵过的语录。而放眼古今中外，王阳明的《传习录》、柏拉图的《理想国》、木心的《文学回忆录》……这种以收集他人碎片化语录成书的著作不胜枚举，这些信息碎片的存在并没有影响其传承。这说明碎片化的知识本身没有问题，问题也许出在我们自己身上。

碎片化信息为何让我们学无所获？

科学研究表明，人脑在信息加工过程中会形成记忆信息流和回忆信息流，两种信息流的信息质量都可以通过调节人脑信息加工的强度加以控制。更进一步讲，所谓信息碎片化，实质上是指认知系统的碎片化。无序的认知系统会将碎片化信息视为彼此之间毫无关联的一堆“杂物”；而有序的认知系统则会像一名专业的汽车组装工，将各类碎片化信息变“碎”为宝，按照发动机、传动系、制动系、转向系配件进行专业组装，从而信心满满地开出120公里的时速。

如果以饮食为例，碎片化信息相当于品种繁多、营养和风味各不相同的菜肴，垃圾食品、健康主食、营养副食应有尽有。如果细嚼慢咽，我们很容易辨别每道菜的独特味道，甄别每道菜的营养价值；但是，如果将所有菜混在一起狼吞虎咽，我们往往连吃下的是什么都不清楚，更别提食之有味以及健康饮食了。所以，碎片化信息对我们所造成的真正困扰在于：还没有品尝到每道菜的味道，思考如何有序搭配出既有营养又有特色的一日三餐，就被杂乱无序的大量菜品占据了味觉。

但是，我们“吃”进去的碎片化信息并非完全没有价值。比起系统化学习，碎片化内容或许不够深入、不成体系，但它具有即时性、多元性和丰富性的特点。况且由于工作时间的限制、工作压力的束缚，大部分职场成年人很难有整块的时间进行系统学习，在这种情况下，与其一味排斥，不如寻求掌控之法。只要处理得当，我们完全可以将碎片化信息聚沙成塔、集腋成裘。

利用超市经营法

我们对于信息碎片化的困扰，其实与超市经营者遇到的问题一样：铺天盖地的碎片知识就像超市中琳琅满目、种类繁多、不计其数的货物，如果不进行归类整理，整齐陈列，定期盘点，顾客必然懒得找也找不着，最后导致商品难以售出。所以我们完全可以借鉴“超市经营法”对碎片化信息进行有效管理，

超市是如何管理并经营种类繁多的货品的呢？通过研究其经营模式我们可以发现，超市经营一共分为两步：第一步是“归类”，将杂乱的货品整齐地摆放在不同片区，能让人一目了然，方便快捷地找到所需物品；第二步是“盘库”，有针对性地统计哪些区域货品卖得好需要补货，哪些卖得不好可以考虑下架，哪些需要提升货物品质，进而有目标地优化超市货品和库存。碎片化信息的整理升级，也可以借鉴“超市经营法”分两步走：第一步“归类”，第二步“盘库”。

第一步：“归类”，建立井然有序的“碎片化信息超市”。超市经营者通常会将超市划分为酒水、生鲜、熟食、散货、日化等区域，然后将货品井井有条地摆放到各个区域中。同理，我们对于碎片化信息的分类，也可以根据信息的系统性和实用性，将其划分为四大片区：“垃圾区”“案例区”“感悟区”和“方法区”。除垃圾区以外，案例区、感悟区、方法区都是有用信息，只是它

们的特点不同而已。

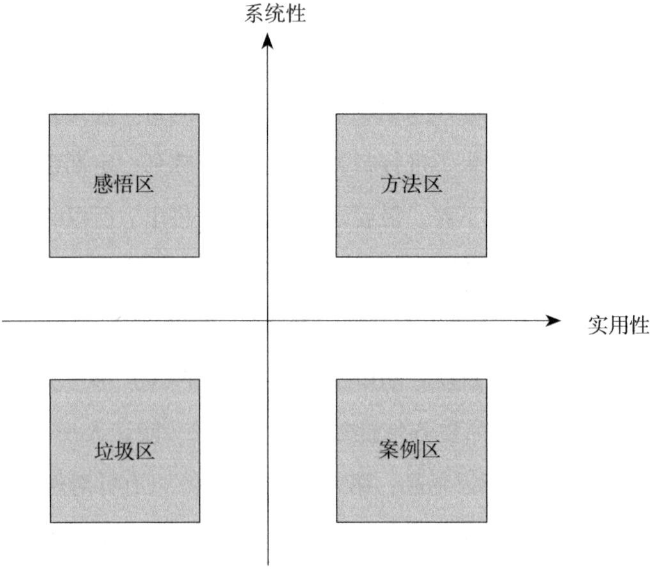

垃圾区：堆放无用又零碎的信息

垃圾区堆放着大量无用又零碎的信息，比如那些充斥在我们朋友圈、微博、各类 App 和日常聊天中的八卦新闻、社交动态、娱乐播报、心灵鸡汤、明星动向以及各种来源不明、道听途说的新闻资讯等都应该丢入这个区域。判断这些内容和信息有没有价值非常简单：它还值不值得我们再看第二遍？如果不值得，那就果断丢入垃圾区。对于垃圾区信息的处理方式也非常简单，你只需坚持一个原则——舍弃。

案例区：存储有用但零碎的信息

案例区存放着我们收到的有用但零碎的信息，包括商业案例、名人故事、旅行攻略、心理学实验、操作指南等。简单来说，只要是针对某些具体问题的案例，或者针对某些经历的分享等，我们都可以放入案例区。

针对案例区的信息，我们的处理方式是给它们贴上“商品标签”。因为这些信息虽然有用，但我们很可能暂时用不上，真要使用时又找不到。所以，我们要做的就是给这些信息“贴上标签”，以备他日不时之需。具体操作方法是把案例中的关键词提取出来，关键词的个数可以不限。

但是，“碎片化信息超市”应该选址在哪里呢？比如，我们在知乎网站上看到一篇很喜欢的《西班牙旅游攻略》，希望将它存放到案例区以备日后使用，问题是存在哪里合适呢？虽然知乎网站有自己的收藏系统，但并不是所有我们喜欢的案例都来自知乎，它们还可能来自樊登读书、微信公众号、得到、虎嗅、豆瓣等 App，我们不可能每次需要使用信息时，都大费周章地打开所有平台搜索一遍。所以，我们需要建立一个属于自己的总数据库，将所有知识储存在这个数据库中，以备使用时能够立即检索。这其实便是为我们的“信息超市”选址，这个地址可以是有道云笔记、幕布、石墨、印象笔记等，符合我们的使用习惯即可。

为“信息超市”选好地址后，我们可以采用两种方式保存这个案例。

第一种：复制案例的链接，然后将链接命名为我们的关键词——“西班牙旅游攻略”，这种方式的优点是占用空间少，但是一旦原链接失效或删除就没用了。

第二种：将案例内容导出为 PDF 文件，并将 PDF 文件命名为我们的关键词——“西班牙旅游攻略”。这样我们就不怕文件失效或删除了，现在各个平台、网页导出 PDF 文件都非常方便。

通过为商品贴上标签——关键词，当我们需要查找相关资料时，只需去数据库检索关键词即可，这种方法既简单又高效。

感悟区：存储对知识的感悟和思考

感悟区存放着我们对知识的感悟和思考。当我们看到某个案例或新闻后，大脑或多或少会产生一些思考和感悟，如果不立即记录下来，很可能就会快速遗忘。所以，为思考和感悟专门开辟出一个区域是很有必要的。

对碎片化信息的思考可以借鉴我在前文介绍过的“X 思考模型”，我们可以询问自己两个问题：第一，这些知识可以解释其他问题和现象吗？第二，如何将这些知识运用到工作和生活中？

假设我们学到了一个与犯罪心理学相关的概念——破窗效应，即如果在一幢房子里，有一扇窗户破了并且没有被及时补上，那么其他窗户也会莫名其妙地被人打破。我们现在可以演示一下如何使用“X 思考模型”对这个概念进行思考：

首先，这个概念可以用来解释其他问题和现象吗？我们可能会想到“每逢佳节胖三斤”，就是因为我们面对美食时没能控制住第一口，所以越来越没有节制；坚持跑步的人，遇到下雨天不跑了，那么即便第二天天晴，他也有可能不再跑了；公司第一个上班迟到的人如果没有受到惩罚，接下来就会有越来越多的人迟到……

其次，我们应该怎么运用这些知识呢？很简单，反其道而行之，告诫自己千万要警惕第一扇“破窗”的出现，因为人一旦放任自己一次，就会有之后的无数次。例如，想要减肥就要控制住第一口大鱼大肉，想要规律作息就要控制住第一次熬夜刷手机；企业管理者也要学会适当小题大做、杀鸡儆猴。

方法区：存储有用且系统的方法

方法区摆放着我们在碎片化信息中邂逅的一些有用又系统的方法。由于时间有限，我们当时学得不深、不全，也不系统，需要单独保存起来，再运用整块时间进行集中、深入学习。

对于“方法区”的知识，我们同样还是要运用“商品标签”的方法进行关键词标注，方便我们查找、温习和再次学习。比如 Pr、Ae 等软件“小白”入门系统课程、Python 自学教程等，它们烦琐复杂，理解难度大，需要反复学习，深入消化，才能将它们内化成我们能力的一部分。

至此，我们的“碎片化信息超市”就建好了。这个“超市”里整整齐齐地被划分为垃圾区、案例区、感悟区、方法区四大区域，上架的知识虽然琳琅满目，却井然有序。

第二步：“盘库”，有针对性地盘活升级“碎片化信息超市”。碎片化信息的最大弊端是：大部分人只是被动地接受碎片化信息，被淹没在铺天盖地的零碎知识中，却没有根据自身需求主动构建个人知识系统。我们通过“归类”划片区，建立了井然有序的“碎片化信息超市”，现在超市开张了，怎样将它经营得风生水起，扎扎实实为自己所用呢？我们可以从两个方面借鉴超市经营的“盘库”技巧。

第一，“按需进货”。所谓按需进货，就是按照我们的学习目标，有针对性地去充实我们的案例区、感悟区和方法区。要做到目标明确，有的放矢，而不是漫无目的，这里看看，那里瞧瞧。

假设你近期的学习目标是学会视频剪辑，那么你就要有意识地搜索、积累视频剪辑的优秀案例、素材和方法。把剪辑的优秀案例、视频素材提取关键词放在案例区，再把系统的《视频剪辑教程》放在方法区，用整块的时间进行集中学习，还要反复思考：这些案例、素材吸引人的地方在哪里？怎样运用这些成熟的剪辑方法？并且将这些思考放入“感悟区”。这些方法都可以帮助我们有的放矢地补充“超市存货”。

第二，“产品升级”。所谓产品升级，就是要不断更新迭代，让案例区和想法区的内容升华到方法区，从而把碎片化内容上升为自身的能力。

比如，电影《无名之辈》在开头运用了上下黑幕同时向中间收缩的剪辑手法，这个方法在电影中取得了很好的效果，因为镜头中间是一个长长的走道，收缩到最后正好凸显了走道和进入走道的人物。那么，这个剪辑方法是不是可以迁移到我们的短视频开篇之中呢？通过思考，我发现可以找一个像公路、堤坝等比较长的建筑或者物体，从远处拍摄，再运用这个剪辑技巧，就可以达到类似不错的效果。就这样，一个案例区的素材，通过想法区的思考升级成了方法区的能力，完成了产品升级。

“盘库”让我们有的放矢，“补充知识存货”，完成知识“更新升级”，它是有意识地扩充知识广度，增加知识深度。对“知识超市”的分片区“归类”和不断“盘库”，必将让知识数据库成为专属于我们的宝库。

海量信息时代，面对超量的碎片化信息，我们是学无所获，还是变“碎”为宝？这取决于我们自身是否具备管理知识的能力。“超市经营法”的“归类”和“盘库”技巧，在知识管理上可以帮助我们井然有序，“按需补货”，并且及时更新自己的“知识超市”。当然，世界上并没有什么“武功秘籍”或“独门心法”能够让我们在一夜之间脱胎换骨，盘活“知识超市”最关键的一步还是要我们自己留心挑选，认真经营。

第三节 如何进行长线学习，避免半途而废？

曾国藩曾有一句名言被梁启超辑录在《曾文正公嘉言钞》一书中："学贵初有决定不移之志，中有勇猛精进之心，末有坚贞永固之力。"其意是指，唯有克服浮躁和急功近利，对学习目标持之以恒，才能学有所成。

学习并非一件速成之事，几乎所有学习目的的达成都需要我们经历一个自然的学习曲线。但当下更多人倾向于追求立竿见影的学习效果——看完一本书便希望能够立即明白一个道理，听完一套音频课便希望能够立刻讲一口流利的英语，学会一个技能便希望能够马上用它带来实质性的收益……

一旦我们制订的学习计划没有在短时间内获得期望的效果，就会启动，熄火，再启动，再熄火，最后一无所成，这便是大部分人的常态。与此同时，"太枯燥没兴趣""太难了没信心""加班了没时间""生病了没精力"等，也都顺其自然变成了我们美化自己半途而废的“合理性”理由。

如果对即时快感的追求决定了我们无法仅仅依靠意志力对长线目标持之以恒，那么如何在意志力之外建立一个坚持长线学习的支持系统，就成为了一个值得深度探讨的问题。

维持学习行为的三个系统

系统思考专家德内拉·梅多斯曾经说过：系统结构是行为的根源，而系统行为的体现是随时间而发生的一系列事件。学习这件事也一样，如果我们想知道如何才能坚持长线学习，应该首先研究是什么样的系统问题导致我们无法坚持。在我看来，这个问题分别与学习的三个系统相关：

系统一：动力系统。打个比方，如果一台机器的动力系统出现问题，比如汽车没油了、发动机坏了，那么机器一定会罢工。人也一样，如果我们学习的“动力系统”出现问题，稍微遇到点儿困难，我们就容易半途而废。

我在前文中分享过这样的观点：获得胜任感和成就感有助于我们将学习行为持续下去。众所周知，长线学习任务通常都比较艰巨，一旦我们的精力和时间不足以应付这些复杂的学习任务，就会产生强烈的挫败感，进而导致学习动力衰减。因动力系统不足导致半途而废，本质上是我们无法在长线学习中及时获得胜任感和成就感。

系统二：控制系统。控制系统好比一辆车的刹车、油门、方向盘……这些操纵部件一旦出现问题，车子便会失控。人也一样，我们需要一个稳定的控制系统帮助自己把学习行为维持下去。如果说机器依靠各个机械部件之间的作用力保持平稳运行，那么人类控制系统的正常运行便需要依靠理性、感性和习惯互相作用，因为理性、感性和习惯是维持人类行为的最常见部件。

我们每个人的身体里都有两个自我，一个是感性自我，另一个是理性自我。积极心理学家乔纳森·海特曾用一个有趣的比喻来描述理性和感性之间的关系。他说：人的感性就像一头大象，而理性则像骑象人。骑象人骑在大象背上，手里握着缰绳，看似是人在指挥大象，但事实上，人的力量微不足道。一旦人和大象发生冲突，人通常拗不过大象。

以很多人早起学习英语为例。根据我们制订的学习计划，每当早上闹铃响起，理性便会提醒我们该立刻起床背单词，但与此同时，我们身体里的另一面——感性却会不断地告诉我们“被窝很温暖，眼皮很沉重，继续睡下去很舒服，明天多背几个单词便是……”当理性和感性发生冲突时，虽然骑象人很想指引大象走上正确的道路，但大象总会不由自主地转向当下令人愉快的感官享受。

从这个意义上讲，理性和感性都无法很好地帮助我们控制学习行为，真正有用的控制系统只能是习惯。我们每个人的人生其实都是无数种习惯的集合：早晨起床，我们习惯刷牙洗脸，梳头更衣；出门上班，我们习惯经过熟悉的道路乘坐地铁，或者搭乘公交；到达办公室后，我们习惯打开电脑查收邮件；下班后，我们又常常习惯跟家人聊天，辅导孩子的功课。有统计显示，我们每天的活动中，有超过 40% 的部分都是习惯的产物，而不是自己主动的决策。习惯存在于我们的潜意识中，占据了生活的方方面面，让我们能够在不依赖意志的情况下，把自己想要持续学习这件事引导得像每天刷牙般轻松。

系统三：保障系统。依然以汽车为例，保障系统相当于一台汽车的安全气囊、安全带、保险杠……它们负责提供基本安全保障。类比学习这件事，我们也需要一套完善的保障系统（包含时间、精力、环境等）确保学习计划正常执行。

例如，假设你想利用下班后的空余时间学习自媒体运营，并计划每天撰写一篇文章，那么你至少需要这样一套保障系统：首先，你要保证每天都有足够的时间和精力，为了保证精力充沛，你要改掉熬夜的习惯，还要放弃一些休闲娱乐活动；其次，你需要一个合适的创作环境，躺在床上或者一边看电视一边构思文章，这显然会影响创作；最后，你还需要长期保持学习和阅读习惯，以便写作时能够言之有物。时间、精力、空间，甚至是氛围，这些平时容易被忽略却至关重要的因素，共同组成了维持学习行为的保障系统。

坚持是一种可以养成的好习惯

几乎所有人在学习中都会遇到以上三个系统中的某个问题。比如，即使我们保证了动力系统和控制系统的正常运行，一旦突然有团体性的娱乐活动需要占用我们的下班时间，或者当天精力不济，保障系统就随时有可能会将我们的学习计划叫停。面对步调总是难以一致的三个系统，如何才能持之以恒继续自己的学习计划呢？

马拉松运动员也许能帮助我们找到长期坚持的方法。我观看过很多马拉松冠军的采访资料，发现他们身上都有一个惊人的相似之处——马拉松冠军选手在比赛的过程中，大都会将全程路段分解成许多段去完成，他们每次只会盯着眼前的一小段目标，而非一直盯着终点。随着一个又一个小目标的完成，他们最终跑完了马拉松全程。

加拿大心理学家皮尔斯·斯蒂尔认为这个方法同样适用于长线学习，并以此提炼出了“成功螺旋法”，帮助学习者解决三个系统的不稳定问题。皮尔斯·斯蒂尔指出：如果我们能为自己设定出一连串挑战，并且这些挑战目标都是可达到的，那么我们就会充满动力。因为每完成一个小挑战，达成一个小目标，我们就能获得一定程度的胜任感，而胜任感能带领我们向更高的追求迈进。循环反复下去，我们就有可能养成坚持学习的习惯。

具体讲，“成功螺旋法”分为以下两步：

第一步：把复杂的长线学习任务拆分成一个个小目标，以获得胜任感。

以爬山为例，一个大的学习目标就像一座高山，当我们气喘吁吁才爬到半山腰时，难免想放弃。但是不爬到山顶，又怎能看到山顶的美景呢？因此，累得爬不动时，你不妨把“爬到山顶”这个任务拆分成一些小目标。比如，以30个台阶为一个小目标，爬过之后稍加休息，再接着完成30个台阶。随着一个个小目标逐渐完成，在胜任感的推动下，你最终就能到达山顶。

不过，值得注意的是，为了避免产生挫败感，制造胜任感，我们要尽可能在一开始便将任务拆分到自己完全有能力达成的程度，比如一次只背3个英文单词，只看5分钟视频课程，只做10个俯卧撑，只看1页书等。

第二步：试着每次超额完成小目标。

为什么要超额完成小目标呢？因为超额完成任务会带来成就感。如果我们原计划每天阅读一页书，读完一页后，因为初始目标足够小，我们就有可能接着往下看，不知不觉便会超额完成看一页书的小目标，成就感也会油然而生。

日复一日完成以上两个步骤，不仅会增强我们的学习动力系统，还会潜移默化帮助我们养成良好的学习习惯，稳定控制系统。查尔斯·都希格在《习惯的力量》一书中提到，习惯一般是这样产生的：首先，我们收到一种心理暗示，然后产生惯常行为，接着获得奖赏。因为受到奖赏，下次我们再收到同样暗示的时候，又会产生惯常行为，继而又受到赞赏……如此循环，便能形成习惯回路，从而养成一种习惯。

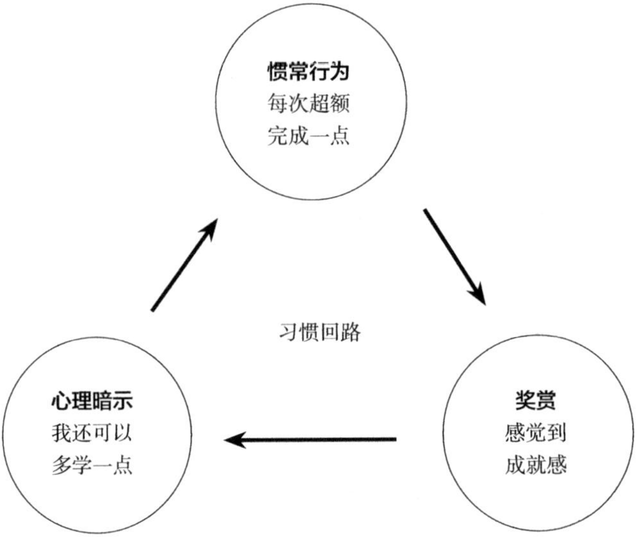

以学习为例，当我们将学习目标拆分成很多个足够小的任务后，每完成一次小任务，我们的大脑就会产生一种心理暗示："这个任务太简单了，也许我可以多学一点儿。"这个心理暗示会让我们不自觉地再阅读几页书、背诵几个单词，从而形成"惯常行为"；而每次超额完成任务又会让我们产生成就感，从而获得奖赏。

如此循环反复，通过习惯回路的引导，从“我必须要读完××页书”到“我挺喜欢读书”，从每天早上提醒自己“应该坚持早起背单词”到“自觉起床背单词”，我们对学习这件事便逐渐产生“认同”，并变成一种“自觉”。

学习习惯养成后，保障系统依然有可能出现问题——我们每天的精力、时间和状态都不一样，很难保证每天都能按时按量完成学习计划。但是，世界上本来也不存在百分之百稳定的保障系统，我们对保障系统最好的评估是去测算它的概率，而非盯着它可能会出现的问题。

想一想，假设你在一年之内的大部分时间都完成了锻炼计划并顺利减掉了多余的脂肪，你还会为偶尔几天没有坚持运动而自责吗？假设在一个月之内你能够坚持学习 20 多天并获得了明显的进步，你还需要因为有 5 天没学习而感到失败吗？持之以恒从来不代表百分之百完成，而是坚持下去，提高我们完成的比例。所以，请允许我再一次提醒：我们大可不必在长线学习中为了偶尔几次没有完成的学习计划而过于自责。

值得注意的是，“成功螺旋法”还有一个非常重要的提示：一旦我们能够轻易完成当下的小任务，就应该设置难度更大的学习目标。在对学习任务进行重新拆分时，我们只需要注意做好以下衡量：随着学习能力的提高，这个任务依然是在我们的能力范围之内。然后，不断循环“成功螺旋法”的两个步骤即可。随着完成的任务不断像螺旋一样上升，我们逐渐就会“进步成瘾”，越学越自信，半途而废的次数也会越来越少，从而实现“螺旋式的成功”。毕竟，当“半程马拉松”对你来说已经变得非常轻松时，你怎会放弃尝试跑完全程呢?

学习无捷径，方法有高下。对长期目标是否能够持之以恒，是预测一个人能否成功的重要因素。但是，把成功寄托在难以自控的意志力上，只会让成功率变得微乎其微。持续的学习行为来自良好的习惯，而非一时的激情和行动。如果我们能够启动习惯的自动运作程序，持之以恒就会成为一种自然行动。而在行动之前，我们需要知道，所谓“坚持”本身，就是一种可以科学养成的习惯。

第四节 如何绕开心理舒适区，克服拖延症？

“拖延症”对于现代人来说一定不是一个陌生词汇，尤其是年轻人——许多人一边想摆脱拖延症，一边又被它牢牢困住。无论你是害怕失败的完美主义者，还是你总是低估完成一项任务所需要的时间，拖延的行为都会让人感到不安和焦虑。

坦率地讲，我自己也曾是个重度拖延症患者。上学时我也曾经等到快开学时，才开始通宵赶作业；而几年前我也曾因为刷一整天的微博而推迟答应交给出版社的书稿时间；我还曾为了避免去健身房锻炼，给自己找各种理由推脱，以至于一年之中只有办卡的那一天去过健身房……

回顾我自己不堪的“老拖”岁月，我发现拖延症就像一个逐渐扩大的黑洞，如果不对其及时叫停，任其发展下去，就势必给我们的生活带来很大影响。虽然大量文章和书籍都针对拖延症给出了很好的建议，但是在我看来，它们并没有解决拖延问题的根源，有不少理论性的建议也只能发挥短暂的功效。这也是我决定要从一个亲历者的视角和大家探讨这个问题的主要原因。

有关拖延症的两个误区

爱因斯坦有一句名言："如果我有一个小时用来解题，我会花 55 分钟来思考问题本身，再用 5 分钟思考解决办法。"花大量时间去定义问题，意味着我们必须谨慎思考："我到底是不是在解决正确的问题？我对这个问题的理解是否到位？"只有正确理解眼前的问题，我们做事才能更有效率。同样，要想战胜学习中的拖延症，首先要正确认识拖延症。而我们对拖延症的认识，通常存在两个误区。

第一个误区：把懒散当拖延症。其实，并不是所有的拖延都叫拖延症。有的人做事拖拉，但他内心既不纠结也不难受，这不叫拖延，而是懒散。

美国加利福尼亚大学的资深心理咨询师简·博克和莱诺拉·袁认为：拖延症是指个人做事拖拉，而且心理上不能接受现状，想改变却又无能为力的行为。换句话讲，在能够预料后果有害的情况下，仍然把计划要做的事情往后推迟，自我调节失败并为此感到痛苦，这才是真正的拖延症。

第二个误区：认为所有的拖延症都需要治疗。调查显示，全球有近 10 亿人患有拖延症，但是，拖延症对每个人的影响程度并不一样。对大部分人来讲，拖延症对其工作和学习不会造成实质性的影响。有些人即使自认为有很严重的拖延症，但工作和学习却一样都没落下。

正常成年人中只有 20% 的人具有非常顽固的拖延习惯，并因此陷入自我挫败的恶性循环之中。这类人主要表现为：如果他们因某次拖延没有完成学习计划，那么在开始下一个学习计划时，就会对自己提出更高的要求；接着，受顽固的拖延习惯影响，他们会再次陷入焦虑和拖延的状态。这种自我挫败的恶性循环会给他们的身心健康带来较严重的消极影响，比如出现强烈的自责情绪、负罪感，不断地自我否定、贬低，甚至引发焦虑症、抑郁症等，一旦出现这种情况，就必须引起足够的重视。

导致拖延症产生的心理机制

要想战胜拖延症，我们必须明白人们为什么会拖延。很多人将拖延看成是自控力不足的表现，其实，自控力只能解释一个人拖延的心理过程，并不能解释其拖延的内在原因，因为拖延并不是一个简单的时间管理问题，而是一个复杂的心理问题。

导致拖延症产生的主要诱因是人类的心理舒适区存在强大的防御机制，碰到比较棘手的任务时，心理舒适区的防御机制会使我们产生以下两种心理需求：

第一种心理需求：对痛苦的回避。脑科学研究发现，学习新知识会让神经元建立新连接，同时原来的神经元会发生断裂。这意味着学习的过程就是认知受损的过程。此外，学习中的“学”和“习”是分开的，“学”让我们建立新的认知，“习”让我们把学到的知识内化成自身的东西。只有不断重复学习、思考，我们才能让知识下沉到下丘脑并形成习惯，这个过程本身就不那么轻松愉悦。

研究发现，人们总是倾向于去做自己喜欢和擅长的事情，哪怕只是去想一想你不喜欢的事（比如打扫房间），或者想一想有难度的东西（比如练习乐器或者做作业），都会激活大脑中一个被称为“岛叶皮质”的痛苦中枢，使我们因为不愿体验痛苦而一再拖延，逃避做某件事。

第二种心理需求：对掌控感的需要。美国心理学家亚伯拉罕·马斯洛于 1943 年在《人类激励理论》论文中提出“马斯洛需求层次理论”，他认为人们的需求可以归纳为五类：生理需求、安全需求、社交需求、尊重需求和自我实现的需求，并由较低层次到较高层次依次排列。人们只有在满足了较低层次的需求后，才会考虑高等级的需求。其中安全需求属于较低等级的需求，包括人身安全、心理安全等，而“掌控感”正是我们获得心理安全的重要来源，也是每个人的基本需要。

我们之所以学习，大部分原因便是为了应对焦虑和不确定性。越是对未来感到焦虑和不确定，感到自己受到了同伴压力，觉得身边的人都比自己发展得好，就越需要掌控感。拖延的“好处”也正在于此——我们不需要强制自己去面对焦虑和不确定，只需要拖着不学习，待在眼前这个熟悉的、舒适的状态里，就可以了。

不过，虽然心理舒适区的防御机制会使我们选择用拖延来回避学习的痛苦和掌控当下的状态，其副作用也非常明显——它会让我们一次次用拖延去建构一个平庸的人生，而非为了真正的目标戒掉拖延的恶习。

克服拖延症的两个方法

我建议大家使用“烂开始”和“把复杂的学习任务拆分成一个个足够小的任务，然后转身就将这个任务做掉”这些方法，从一定程度上促使自己在改变拖延的路上迈出小小的一步。“烂开始”能够有效地帮助我们先将学习计划启动起来，“吃掉一个小任务”能使我们顺利获得一次次小小的成功，从而使每一次的小成功成为下一次改变的基础，构成维持学习计划的良性循环。

除此之外，还有两种方法对于走出心理舒适区、战胜拖延症能够起到切实有效的作用。

方法一：从行为层面，发现迈入心理舒适区的拖延征兆。发现拖延征兆的前提是要正确区分拖延行为和正常休息，这两者的区别在于是否受“非受迫性计划”的影响。体育运动中有个词叫“非受迫性失误”，指运动员没有受到外界干扰而主动出现的失误。“非受迫性计划”是指没有外界因素干扰时，我们主动把原计划延后的情况。

例如，你原计划晚上 19 点到 21 点学习。到了 19 点，你突然决定看一部美剧，这就是“非受迫性计划”，它可以看成是拖延发生的征兆 。但如果你原计划在晚上 20 点休息 15 分钟，那么这段休息时间就不能算是拖延。如果休息时间结束后你还是不想学习，并且主动把休息时间延长了 15 分钟，或者找出各种理由打断学习计划——一旦你因为这些非受迫性因素改变了自己的学习计划，便可以将其断定为拖延征兆已经发生。

事实上，人的行为往往会遵循一些自动化模式，比如一旦因为“非受迫性计划”中止自己的学习行为并开始看电视剧，那么接下来我们大概率会“看完一集，再看一集”，“看完美剧，再刷刷微博”……一个拖延动作一旦开始，一系列拖延动作就会自动运转起来，我们就会像多米诺骨牌一样，不动脑子、心安理得地一步步陷入心理舒适区。

所以，发现、觉察拖延征兆是改变的第一步。觉察得越及时，你就越能够发现拖延行为从何而起，摆脱拖延的机会也就越大，这也是从行为层面绕开心理舒适区的重要一步。

方法二：巧用心理暗示，绕开心理舒适区的防御机制。美国心理学家德西和瑞安等人曾提出“自我决定论”（Self-determination theory），简称“SDT理论”。该理论认为，人的行为主要受到三种动机的影响：爱的关联、力量的胜任、自由的自主。

我们可以尝试使用该理论解释为什么疯狂的粉丝会无偿为明星做很多事。首先，粉丝认为他们所做的事会让明星高兴，这是爱的关联；其次，他们认为“我所做的事情都是自己力所能及的”，这是力量的胜任；最后，他们认为“我是自愿做这些事情的”，这体现了自由的自主。当三个动机都得到满足时，我们做事的动力就会大幅提升，拖延的概率也将大大降低。

我有一位朋友K先生，在进行他的英语学习计划之前，就曾经和我探讨过使用“SDT理论”克服拖延症的问题。在我的引导下，他对我提出的三个问题做出了这样的回答：

> 我：“在你学习英语的过程中，你如何与喜欢的人产生更多联系？”
>
> K先生：“我的女儿正在学习英语，但她非常缺乏英语对话环境，如果我能够学好英语，那么不仅可以成为女儿的榜样，还能够通过与她对话，营造一个家庭式的英语对话环境。”

我："你如何才能胜任自己制订的英语学习任务？"

K先生："我可以制订一份合理的学习计划，试着将一个比较长线、艰难的学习计划合理拆分成每天都能够完成的小任务。"

我："在现阶段选择学习英语，是你自愿的吗？如果不得不学，你能主动从中学到什么？"

K先生："在学生时代，我是迫于学校压力才学习英语的。工作后，需要使用英语的机会越来越多，我出于职场进阶的需要产生了主动学习英语的兴趣。如果能够学好英语，我也将获得更多职场进阶的机会。"

"SDT理论"看似简单，实则设计精巧。它的精巧之处就在于：在推动我们做出改变的过程中，"我必须学"和"我想要学"将使我们看到的东西大不一样——前者使我们看到困难，后者则使我们看到方法和路径。只有把出于焦虑而学习的动机转化成自己内部的学习需求，我们才能绕开自己心理舒适区的防御机制，不再去思考这件事"如何不可能"或"它的困难在哪里"，而是去思考"这件事应该如何开始"。

来自法南街的肖恩·帕里什曾经说道："实现梦想最危险的四个字是：'以后再做'。"对于有拖延症的人来说，"以后再做"是一句很熟悉的话。我们想要拖延的，往往是那些现在需要花费很大力气，但以后却能收获益处的事情，比如成功的事业、更高的学历、更渊博的知识面等。如果让大脑自行决定，它往往会无法抵御心理舒适区的诱惑，使我们沉溺在即时享乐和短期奖励中度过平庸的一生。

如果你想做成一些事情、取得一些成就，那么从现在就开始行动吧！警惕那些让自己感到舒适的拖延征兆，为自己找到一些积极的心理暗示，并且记住：种一棵树最好的时间是十年前，其次便是现在。

第五节 | 如何在有干扰的情况下保持专注？

当科技的进步使信息的交流和传递越来越迅速的时候，人们对于时间与注意力的掌控开始降低。手机上不断弹出的提示是每个现代人都会遭遇的干扰，不论你正在做什么，手机都可能打断你。当你集中精力阅读时，社交软件可能会打断你，让你不得不切换到其他事情上；当你认真工作时，手机通知可能会引导你浏览其他 App；当你躺下准备入睡时，几个短视频可能会推迟你的睡眠时间……

除去工作、睡眠以及一些必要的时间支出，比如通勤、吃饭、聚会、娱乐等，大部分成年人每天只有两个小时左右的时间可以用来学习。美国麻省理工学院计算机科学博士卡尔·纽波特曾说："高质量的产出 = 专注度 × 时间。"在学习时间均为仅有的两个小时的情况下，高度专注和分心走神的学习效果可谓是天壤之别。

分心走神的内部诱因和外部诱因

美国心理学协会的《心理学词典》对分心的描述是："打断注意力的过程"，以及"让注意力从目前最重要的事物上转移开的刺激"。换句话说，如果分心成为一种习惯，我们可能就无法在学习过程中保持注意力，而注意力恰恰是保持学习效率的重要因素。

早在 2015 年，微软加拿大分公司曾发布过一篇报告，称"人类的注意力比金鱼还要短"。根据这篇报告，2000 年所调研的人类平均注意力跨度为 12 秒；而 2013 年的调研数据显示，人类平均注意力跨度只有 8 秒（金鱼的平均注意力跨度为 9 秒）。是什么对我们的注意力产生了这么大的负面影响呢？

所有的人类行为都是由内部诱因或外部诱因诱导的，学习时注意力的缺失也不例外。

内部诱因：内部刺激水平没有达到最佳状态

生物学研究表明，事物对人产生刺激时会促使人体分泌肾上腺素，肾上腺素分泌的多少则直接决定我们对某事物感到兴奋还是感到无聊。这个兴奋或无聊的程度，叫作"刺激水平"，而刺激水平的高低又决定了注意力的高低。专注于注意力研究的美国心理学博士露西·乔·帕拉迪诺根据大量实验和调查研究结果，将刺激水平和注意力之间的关系绘制成了著名的“注意力曲线”。

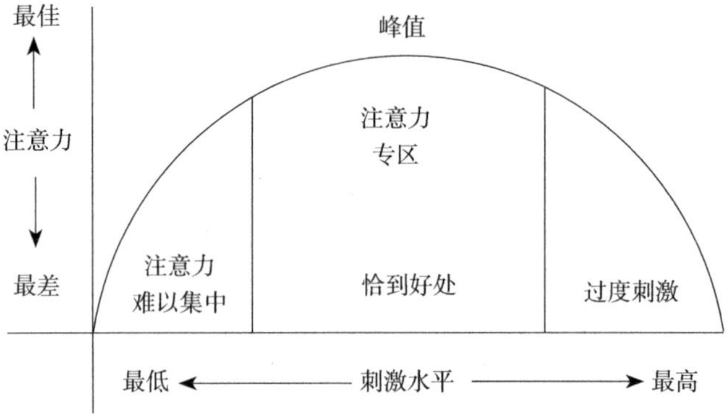

注意力曲线

这条注意力曲线呈现倒“U”形，像一个两边低、中间高的锅盖。横向的 X 轴，代表一件事情给我们带来刺激水平的强度；纵向的 Y 轴，代表我们在这件事情上投入的注意力。在一开始刺激水平低的时候，我们的注意力也低；随着刺激水平越来越高，注意力也越来越高。但是，当注意力达到一个顶点时，刺激水平哪怕再继续提高，注意力也不会随着升高，反而会下降，直到降为 0。

帕拉迪诺对此的解释是：当我们受到的刺激水平很低时，肾上腺素的分泌水平也低，此时，我们会对正在做的事情提不起兴趣，精神颓废，深感无聊，甚至昏昏欲睡，思维也常常变得呆滞。这是倒 U 形曲线最左边的部分，即刺激水平低，注意力不集中。比如，一旦遇到一个照本宣科的老师，他讲课时毫无新意，我们便会哈欠连连，神游九天。

相反，当我们受到的刺激水平很高时，肾上腺素的分泌水平也会变高。物极必反，此时我们很容易陷入另一个极端：过度亢奋，甚至焦虑、紧张、愤怒和恐惧。回想我们参加重要考试、重大比赛，或是第一次上台演讲时，是不是经常会感到呼吸加重、心跳加速、大脑一片空白，甚至完全无法思考？这就是倒 U 形曲线的最右边部分——刺激水平太高时，你的注意力水平反而很低，没办法专心做好眼前的事情。

所以，只有在刺激水平既不是很高，也不是很低的时候，我们才不会过于紧张，也不会过于松弛，此时我们的心态最平和，头脑最清醒，注意力最集中。这就是倒 U 形曲线的中间部分，心理学家把这种恰到好处的刺激状态叫“最优刺激”。此时，我们的注意力也会达到峰值，帕拉迪诺称之为“注意力专区”，它是我们学习时注意力能够保持的最理想状态。

注意力的高低，会随着外界刺激大小的变化，形成一条倒 U 形的曲线。对大部分普通人来说，刺激水平过高是在一些特殊场景才会产生的应激状态，所以过度紧张并不是自主学习的常态，我们更多时候面临的问题是刺激水平不够，在学习过程中提不起精神，即因为内部刺激水平过低而分心走神。

外部诱因：注意力被外部“刺激 – 反应”的惯性带跑

进化心理学认为，我们都是“认知上的懒散者”。我们的大脑喜欢无意识地遵循“刺激 – 反应”的惯性，一旦受到外界刺激，就会不自觉地做出反应，尤其是遇到对认知消耗比较少的事情时，大脑往往会任由它不断分散我们的注意力。

例如，一旦手机发出新消息的提示音，我们就会很自然地打开手机查看。除此之外，邮件提醒、新闻弹窗，也可能是他人正在热火朝天地打游戏，甚至只是路过公交站牌时看到一闪而过的广告——它只是在我们面前出现了 2 秒钟，就会让我们不由自主地分心走神。

因为在认知上过于懒散，我们时刻都想要摆脱“认知不适”的欲望，渴求从学习的痛苦中解脱出来。沉溺于电子游戏、社交媒体和手机，不仅是因为它们可以给我们带来乐趣，还因为这些行为可以让我们从大脑耗能的痛苦中得到短暂解脱。但是，这些来自身边环境的干扰源，看似耗时不长，却在不知不觉间将我们的注意力切成碎片。

从这个意义上看，外界的任务和时间都无法被管理，要想将注意力集中在最重要的事情——学习上，我们可以管理的只有自己。管理自己不仅仅是防止自己不被打扰，更重要的是更新我们的思维方式，学会与干扰恰当共处。

避免分心的思维流程

为了提高学习这件事的内部刺激水平，同时与外部干扰恰当相处，实现对注意力的调控，我们可以按照以下三个步骤调整思维流程。

第一步：观察自我。观察自我，就是对自己的身心状态做出评估，大致判断自己的肾上腺素分泌水平，了解自己是否在注意力专区里。值得强调的是，完成这个评估并不需要使用专业仪器，我们很容易就能感知自己是无聊、放松、兴奋还是紧张，并且为其打分。

我们可以把注意力最放松的水平设定成 0 分，最紧张的水平设定成 10 分，那么理想的“注意力专区”水平就在 5~7 分之间。然后，对照这个评分系统，你可以大致对自己的注意力水平进行评估。如果感到比较紧张，就可以给自己打 7~8 分；如果感觉很放松，就打 1~2 分。知己知彼，方才百战不殆，观察自我，从宏观上把握自己的注意力水平，这是我们调控注意力的前提与基础。

第二步：调控自我。注意力的倒 U 形曲线告诉我们，无法进入注意力专区的原因无非有两个：要么是刺激过度，要么是刺激不足。因此，调控自我的本质在于振奋精神或放松心情。当你的情绪过于激动兴奋时，可以采取必要的方法平静与放松，以此来降低体内肾上腺素的分泌水平；当你感到无聊、乏味时，我们要采用适当的方法来振奋精神，重拾活力，提升肾上腺素的分泌水平，将注意力提升到注意力专区。

当你观察自我时，发现精神不佳且注意力不在注意力专区时，就要想办法调节内部刺激水平。众所周知，音乐能够带动人的情绪，当我们只能给自己的注意力水平打 1~2 分，感觉自己很疲惫、颓废、无聊时，可以尝试边听音乐边学习，这样可以让自己快速兴奋起来。而当我们给自己打 7~8 分，感觉到高度紧张、焦虑时，同样可以尝试边学习边听一些舒缓的音乐，以此缓解焦虑情绪，降低刺激水平。

除了音乐疗法以外，我们感到紧张时也可以尝试一种叫作“溪上落叶”的方法：想象自己站在一条小溪边，小溪上的树叶轻轻飘过，把我们脑海中的每一个消极的想法和感觉都放在一片树叶上，想象它们随水流飘走。不论是音乐疗法，还是“溪上落叶”法，它们的本质都是通过探索身体的感受，从而调节内部刺激水平。

不过，音乐刺激这个方法用得不好很容易变成一种外部干扰，因此，我们在使用音乐刺激时要注意两点：第一，并不是所有音乐都能让我们兴奋，合适的音乐需要我们平时根据自己的性格特点、兴趣爱好去积累；第二，最好选择纯音乐，不要选择我们熟悉歌词和旋律的歌曲，因为一旦我们能听懂歌词，注意力就很容易被歌词和旋律带走，这样反而分散了我们的注意力。

只有当我们既不理解歌词意思，又不熟悉音乐旋律时，我们才能随着音乐节奏调节自己，将自己从过激或过于低迷的状态，调整到一个平和的状态里，慢慢将注意力集中到学习上。

第三步：忘记自我。忘记自我，本质上是让我们放下“对抗外部常态干扰”的执念。在我们对抗一个问题之前，可以先问问自己：“这是世界的常态，还是可以按照我的想法改变？”毫无疑问，这个世界有很多问题无法按照我们的意愿进行改变。如果我们错把世界的常态当作要对抗的问题，就很容易陷入反复失败的境地，形成恶性循环。因此，我们需要对此高度警惕。

例如，你难免偶尔失眠。如果失眠的人一直把注意力过度集中在“对抗失眠”这件事上，时刻想着“我怎么还没睡着？我到底是因为什么睡不着？”，甚至当他疲惫中迷迷糊糊快要睡着的时候，脑海中又突然冒出“我快要睡着了”的念头，就很容易功亏一篑，马上清醒。是的，我们想对抗失眠的念头加剧了失眠，它变成了一种恶性循环。

所以，心理学家对失眠者提出的建议大都是：学会忘记自我，也就是舍弃对“睡不着”的执念，把注意力集中到“睡不着”以外的事物上。比如，想象自己在天空中自由下坠，想象自己在海滩上享受海风的吹拂、海浪的拍打，或是想象任何一件让我们觉得开心的事。当我们忘记自我、忘记“睡不着”这件事本身的时候，不知不觉就睡着了。

这种方法其实就是心理学上著名的“森田疗法”，它的核心理念是：带着问题生存，为所当为。简单来讲，我们不需要过于纠结自己面对的问题，可以把它当作生存的常态，专注于自己真正想做的事情——这也正是忘记自我的真谛。

同样，回到学习中，我们要舍弃“对抗外界干扰”的执念，不要纠结于各种干扰因素，而是将它当作我们工作、学习中的常态，尝试与干扰因素握手言和。因为很多时候，你越是在意干扰因素，你的注意力就越容易被其分散。所以，不妨把注意力集中在学习这件事本身，从学习中寻找一些具有“形式感”的东西，将注意力集中在通过完成学习任务去获得这种形式感。

比如，阅读一本书时，你可以把这个“形式感”设定成书中的句号，把注意力集中在每个句子的句号上，通过阅读寻找到一个又一个句号，不知不觉中你就会进入学习状态。

当然，我们不可能长期保持在这种状态中，很多事情会让我们的注意力发生起伏。没关系，意识到注意力被分散时，重复前面的三个步骤即可：学会观察自我；一旦发现自己不在5~7分的注意力专注区间，就要想办法调控自我，做升温处理或降温处理；最后试着忘记自我，把注意力集中到与学习相关的事物上。

专注能使我们集中所有能量，清晰而迅速地定焦、集中、指向某一事物，在干扰环境中朝着自己真正想要的方向坚定前进。

在漫长的人生中，凡是硕果闪现的时刻，大多是我们高度专注的时刻。正因如此，学会探索身体的感受，提高内部刺激水平，进入注意力专区，恰当应对外界干扰因素——哪怕一个物体、一个场景、一个人，也能接纳其存在状态，为真正重要的事情找到仪式感，给予专注，就显得格外重要。

后记

现代管理学之父彼得·德鲁克认为，“对于处于变化与转型中的社会而言，生产资料不再是资本、自然资源或劳动力，而是知识”。按照德鲁克的这一观点，在现代社会中，受过良好教育的人将成为社会的主流，其财富累积、经济增长、个人发展均以知识为基础，知识资本将成为社会最重要的资源。

我们的社会也正在验证着德鲁克的这些预言——对于组织而言，如今发展势头比较好、在几次市场更迭中依旧蓬勃发展的企业，无一不是重视员工学习，并且拥有极强学习力的企业。于个人而言亦是如此。知识变现已成为这个时代的标签，越来越多的人依靠自主学习走向成功。

自主学习在当今社会的重要性毋庸置疑，但对于“如何自主学习”这件事，看似人人都懂，实则很少有人能够将其做到极致。有些人一天闷头苦读10个小时，学习效果可能还不如别人两个小时的收获；同时，在职业发展中，因为自学能力的高低不同造成的人与人之间的差距也越来越大。我在本书中总结的“五维学习力”，旨在为广大读者及其他有志通过自学改变自身命运的学习者提供一套高效系统的学习方法。

如果你已经认真读完了全书，我相信，对于“如何自主学习”这件事，你一定获得了不少新的认知。自学能力不是一个虚无缥缈的抽象概念，也不是个别人与生俱来的天赋，我们完全可以通过科学训练获得这项基本能力。我在书中归纳的五个维度，涵盖了大量关于自主学习的重要科学理论，它们共同组成了一辆性能优越的“豪华跑车”，有巡航系统、动力系统、支持系统……希望亲爱的读者朋友能够结合自身实际情况，学习驾驭这辆“豪车”，走出以往的学习误区，开启高效的学习之旅。

除此之外，我还想在本书的结尾对读者朋友稍做两个提醒：

第一，知而不行，谓之不诚。任何知识如果不能付诸实践，都将只是纸上谈兵。我们的生活中不乏这样一群人，他们一面对学到的知识高谈阔论，一面又从不进行实践，最后只能空有一副理论躯壳，而他们的实际生活仍旧没有改变。任何刚入手的物件，都需要在使用中与外界不断磨合，本书的内容亦是如此。再强有力的学习方法，也需要你亲身实践才能发挥作用。所以，当你通过这本书重新了解到自主学习究竟是怎么一回事后，接下来要做的便是将这些知识运用到自己的学习中去。实践是检验真理的唯一标准，期待各位驾驶着五维学习力这辆“跑车”，即使人生路途崎岖，你也能驾轻就熟。

第二，学然后知不足。只有通过不断学习，我们才能知道自己的不足；知道自己的不足，才会更加努力学习，从而使自己能力更强大，拥有更加丰富的人生。所以，不要总是对学习的短期收益期望过高，却对学习的长期收益期望过低。学习是需要终身为之的行动，不存在一劳永逸。我希望大家尝试构建自己的终身学习系统，做一个坚持学习、终身成长的人。

相信我，一旦你长久地坚持做一件事，这件事就一定会给你带来意想不到的力量。我在写作此书时，也曾在艰难枯燥的创作过程中想到过放弃，于是我在书桌上长期摆放着一张纸，上面写着村上春树说过的一段话：“为了写小说，非得奴役肉体、耗费时间和劳力不可。打算写一部新作品，就必得重新一一凿出深深的孔穴来。然而，长年累月地坚持这种生活，久而久之，就技术或体力而言，我都能相当高效地找寻到新的水源，在坚固的磐石上凿穴钻孔。感觉一个水源变得匮乏时，也能果决而迅疾地移到下一个去。”最终，我完成了这本书的创作。

希望读到这本书的读者朋友也能长年累月地将学习这件事进行下去，感受长久坚持带来的奇迹。